영한
사전
비판

영한사전
비판

7개 사전에서 발견한 오류들을 중심으로 살펴본 우리나라 영한사전의 슬픈 현실

이재호 지음

궁리
KungRee

세상은 관절(關節)이 삐어 있다; 오 끔찍스런 번민이여,

내가 그것을 바로잡도록 태어나다니!

『햄릿』I, v, 188-189

왜 이 책을 쓰게 되었나

34년 전만 해도 내가 이런 책을 쓰리라고는 전혀 예상조차 하지 못했다. 1970년 우연히 『뉴우월드 콘사이스 영한사전』에서 sir를 찾아보다가 '경(卿)'이라는 번역어가 없는 것을 발견하고는 사전 맨뒤 백지에 메모한 것이 이 작업의 시초가 되었다. 그후 I의 번역어에 '저(는)', '제(가)', my에 '저의', '내'라는 번역어가 나와 있지 않은 것을 본 뒤부터 메모하는 손길은 바빠지기 시작했다. 아직까지도 I에 '저' 또는 '제'라는 번역어가 실린 사전은 없다.

그 뒤 사전을 뒤적일 때마다 오류라고 여겨지거나 부족하다고 생각하는 부분 등을 꼬박꼬박 기록해두었던 것이 이제 『영한사전비판』이라는 책으로 만들 만큼 부피가 커졌다. 한편으로 생각해보면 이러한 나의 기록은 영한사전의 슬픈 현실을 그대로 보여주는 것이라 할 수 있다. 그만큼 영한사전에 문제점이 많다는 뜻이니 말이다. 처음에는 분류도 하지 않고 잘못된 사항을 메모하기만 했다. 그러다 점점 양이 많아지자 '순우리말이 빠져 있다', '실제로 쓰는 번역

New
World
CONCISE
ENGLISH-KOREAN
Dictionary

뉴우·월드 콘사이스 英韓辭典

時事英語社 編輯局 編

1970
新刊

‡sir [səːr, (弱) sər] n. ① 님, 귀하, 선생, 각하, 나리 (손윗 사람 또는 의회에서 의장에 대한 경칭): Good morning, ~. 안녕히 주무셨읍니까. ② 여봐!, 이 양반아!: Will you be quiet, ~! 이 친구야, 좀 조용히 해라! ③ [S~] 근계(謹啓)(편지의 서두); [pl.] 제위, 귀중(회사 앞으로 보내는 상용(商用) 서한문에 씀; 미국에서는 보통 Gentlemen 을 씀). ④ [古] 직업·지위 앞에 붙이는 존칭: ~ priest. [참고] 감정적일 때는 손아랫 사람·여자·아이들에게도 쓰임. ⑤ [S~] 영국에서는 준(准)남작 또는 나이트 작위의 사람에게 대한 존칭(이름과 함께 씀):~ Isaac (Newton). ☞ BARONET, KNIGHT. ── vt. (-rr-, sir'd [səːrd]) (P6) SIR 라고 부르다: Don't ~ me so much. 내게 너무 존댓말을 쓰지 말게.

sir를 소개한 부분

『뉴우월드 콘사이스 영한사전』 속표지

어가 없다' 등 12가지 문제점으로 나누어 정리하기 시작했다.

최초의 영한사전이 나온 지도 이제 115년의 세월이 흘렀다. 영한 사전의 역사를 돌이켜보면서 우리는 반성과 더불어, 무엇이 부족한 지, 좀더 나은 사전을 만들기 위해서는 어떻게 해야 하는지를 살펴 야 할 때가 되었다. 고찰의 대상으로는 많은 사람들이 즐겨 보는 소 위 콘사이스류 사전들을 택했다.* 필요한 경우 영영사전들, 일본 영

---

* 참고자료로 삼은 일곱 권의 영한사전은 다음과 같다.(사전배열 순서는 임의로 했다.)
『엣센스 영한사전』 1971년 10월 15일 초판, 2001년 제8판,
　　　　　2002년 1월 10일 제9판 1쇄
『동아 프라임 영한사전』 1971년 초판, 2002년 제4판 5쇄

어사전들, 그리고 백과사전을 참고했다. 북한 영어사전은 콘사이스류 사전을 구할 수가 없어서 1992년에 나온 『영조대사전』을 대상으로 삼을 수밖에 없었다.

지금 내 서재에 놓여 있는 일곱 권의 영한사전들에는 갖가지 모양의 메모지들이 덕지덕지 끼여 있다. 영한사전에서 어떤 단어 하나에 대해 잘못된 내용을 발견하면 꼬리에 꼬리를 물고 다른 사전

『시사 엘리트 영한사전』 1987년 2월 5일 초판, 1988년 1월 5일, 1999년 1월 10일,
    2002년 판표시가 없음
『현대 영한사전』 1994년 1월 15일 초판, 2001년 1월 10일
『금성 뉴에이스 영한사전』 1986년 1월 10일 초판, 1993년 1월 10일 제2판
『슈프림 새로나온 영한사전』 2001년 1월 10일 초판, 2003년 1월 10일
『Si-sa e4u 영한사전』 2001년 2월 5일 초판, 2003년 1월 10일 중쇄

판(版)은 영어로 edition, 쇄(刷)는 printing이다. 아무리 많이 인쇄를 해도, 내용을 수정하지 않으면 초판을 유지하는 것이고, printing은 같은 edition을 찍은 횟수를 가리킨다.

ⓒ 도진호

들을 탐색했다.

흔히 사전(辭典)은 국력의 바탕이며, 문화 발전의 원동력이라고 한다. "21세기는 문화의 세기"라고 아무리 떠들어봤자 사전들이 부실하다면 문화가 올바르게 서 있을 수가 없다. 더군다나 우리나라처럼 영어 공부에 모두들 필사적일 수밖에 없는 곳에서 영한사전은 영어와 우리말을 이어주는 중요한 다리 역할을 하기도 한다. 이 책에서는 영한사전의 현실을 제대로 바라보고 문제점들을 제기함으로써, 더 넓게는 국어사전, 한영사전, 불한사전, 한불사전, 독한사전, 한독사전 등 문화 발전의 기본이 되는 사전들을 국책사업(國策事業)으로 해나갈 것을 정부에 강력히 촉구하려는 의지도 담겨 있다. 사전 편찬에 투자한 돈은 사라지지 않고 엄청난 문화유산으로 탈바꿈하여 오래도록 우리에게 남을 것이다. 몇십억, 몇백억이라는 천문학적인 숫자의 돈을 정치판이라는 엉뚱한 곳에 탕진하지 말고 모든 국민이 혜택을 누리게 될 사전사업에 1년에 50~100억 원씩만 투자하더라도 우리 문화의 인프라는 튼튼해질 것이고, 국가 경쟁력은 크게 향상될 것으로 믿는다.

문화가 경쟁력이라고 말로만 떠들기보다 실제로 국가가 발벗고 나서서 국가 차원의 사전 편찬을 지원해서 실질적 경쟁력을 키워야 한다. 예컨대 한국학에 관한 저서를 영어와 프랑스어, 독일어로 번역하려면 좋은 한영사전, 한불사전, 한독사전뿐만 아니라, 옛날 한국의 관제·관직·호칭 및 건축 용어·물건들의 명칭에 관한 『한국학 한영사전』*이 필수적이다.

외국어 사전들은 일차적으로 번역과 통역을 위한 것이다. 그러므로 좋은 사전은 훌륭한 번역과 통역의 밑거름 역할을 한다. 세계 문화사를 보면 번역이 문명의 원동력이었음을 쉽게 알 수 있다. 국력이 왕성하여 국민의 지적 관심이 높아졌을 때, 번역은 외국 문화를 흡수 혹은 동화하여 자국의 문화를 풍요롭게 했으며, 국어의 어휘, 표현 능력, 표현의 영역, 발음의 범위를 확장시켰다.

해방 이후 우리 교육부(문화부)의 최대 실책은 번역을 값어치 있는 업적으로 인정하지 않아 막대한 번역 인력자원을 제대로 활용하지 못한다는 점이다. 지금도 번역 업적이 교수의 임용 승진, 재임용 심사에서 제대로 평가받지 못한다는 사실은 실로 안타까운 일이다.

르네상스기에는 인쇄기의 발명과 더불어 번역의 꽃이 활짝 피어나 유럽 대륙의 여러 나라에 결정적 영향을 끼쳐 근대 유럽이 형성될 수 있었다. 1611년 출간된 흠정영역성서**(欽定英譯聖書)는 셰익

* 구체적인 예를 들어보면, 한국철학을 이야기할 때 많이 등장하는 '실사구시(實事求是)'가 어느 한영사전에도 나와 있지 않다. '김치'의 경우 Kimchee, Kim Chee, Kimchi, Gimchi(작년에 만든 새로운 철자. 외국인들이 혹시나 '짐치'로 읽지나 않을지 불안하다) 네 가지가 있어 혼란스럽다.
** 1611년 잉글랜드 왕 제임스 1세의 후원으로 출판된 영역 성서. Authorized Version 혹은 King James Version이라고도 한다. 제임스가 승인한 학자 47명이 7년 동안 과거의 영역 성서들과 원래의 언어로 된 본문들을 사용해 작업했다. 그 결과 등장한 영역 성서는 영어 문체에 커다란 영향을 끼쳤고, 300년 이상 표준 영어 성서로 널리 받아들여졌다.

스피어의 영어와 더불어 근대영어(Modern English, 1500년 이후의 영어)를 형성하는 데 결정적 역할을 끼쳤으며, 셰익스피어를 정점으로 하는 영국의 르네상스도 그리스-라틴 고전문학이 영국에 유입됨으로써 제대로 꽃필 수 있었다.

20세기에 이르러 가장 눈부신 국가발전을 이룩한 나라 중 하나인 일본은 그야말로 번역 왕국이다. 메이지(明治) 문화는 번역 문화라는 말이 있는 것처럼, 메이지 시대에 번역이 본격적으로 출발하여 다이쇼(大正) 시대를 거쳐 지금에 이르기까지 일본의 번역 성과는 과연 세계 제일이 아닌가 싶을 정도이다.

우리나라 사람들만큼 '문화'라는 말을 즐겨 쓰는 민족은 아마도 없을 것이다. 문화(Culture)란 학문 · 예술 · 종교 등 인간의 정신활동의 소산이며, 언어는 문자와 음성을 사용하여 사상 · 감정 · 의사 등을 전달하는 체계이다. 그러므로 언어를 집대성한 사전은 문화의 기둥이라 할 수 있다. 그런데 국어사전의 역사나 외국어 사전의 역사를 살펴보면 부끄러운 면면들이 많다.

부록편에서 영한사전의 역사를 자세히 다루겠지만, 5000년 역사에서 우리나라 말을 본격적으로 최초로 정리하여 『朝鮮語辭典』(1920년 3월)을 낸 것은 한국인이 아닌 조선총독부였다. 1910년 8월 29일 한일합방(지금은 '한일병합'이란 용어를 씀) 다음해인 1911년 총독부는 『朝鮮語辭典』 편찬 계획을 세우고 일본인과 조선인을 사전 편찬자로 하여 약 9년 간의 노력 끝에 1920년 3월 30일 경성 대

화상회(大和商會)에서 인쇄하고 출판했다. 1938년에 간행된 한국인이 편찬한 최초의 『朝鮮語辭典』*이 문세영(文世榮, 1888?~1950?)의 것으로 여겨져왔지만, 얼마전 이보다 더 오래된 사전인 심의린의 『보통학교 조선어사전』(제3판, 1930)이 발견되었으며, 이 사전의 초판은 1925년에 간행된 것으로 밝혀졌다. 총독부에서 나

조선총독부에서 펴낸
『朝鮮語辭典』 속표지

온 『朝鮮語辭典』은 원래 표제어에 조선어로 설명을 하고 일본어로 다시 설명을 붙인 것으로 원고는 작성되었으나 실제로 출판되었을 때는, 1919년의 3·1운동 때문이었는지 조선어 설명은 삭제해버려 실제로는 『朝日辭典』이 되어버렸다.

---

* 1938년 조선어사전간행회에서 펴냈다. 국판이며 본문은 4단 세로 조판이다. 주석·체제·인쇄·교정 과정은 이윤재(李允宰)·한징(韓澄)이 많은 도움을 주었다. 표기는 '한국맞춤법통일안'을 준수했다. 복합어는 각 형태소를 짧은 선으로 연결하여 표시했고 장음 표시는 음절 왼쪽에 쌍점(:)을 찍어 나타냈다. 품사는 9품사로 나누고 수사는 명사에 포함시켰으며 관형사는 접두사로 처리했다. 파생어는 접두사 아래 나열·설명했다. 어휘는 순수국어·한자어·외래어 등과 일부 고유명사도 포함시켜 설명했다. 1940년 12월 약 1만 단어를 추가, 일부 주석을 보완하여 수정증보판을 펴냈다. '한글맞춤법통일안'에 따라 표기된 최초의 국어사전이며, 당시 표준어 보급에 이바지했다. 최근에 경성사범학교 훈도 심의린이 편찬한 『보통학교 조선어사전』(이문당) 제3판(1930. 4. 10)이 발견되었는데, 초판 발행일이 1925년 10월 25일로 명시되어 있다.(《동아일보》, 2004. 2. 27)

해방 이후 58년 동안 국가가 사전에 투자한 것은 『표준국어대사전』을 위해 7년 동안 112억 원을 쓴 것이 전부다. 자기 나라 문화의 기본 틀을 위해 58년 동안 1년에 겨우 2억 원을 투자한 꼴이다. 총 3권 7,300면에 50여만 어휘를 수록한 대역사(大役事)라느니, 옥스퍼드 영어사전의 41만 단어를 뛰어넘는 방대한 규모라고 자랑을 하지만, '타설(打設)'이란 단어도 눈을 씻고 찾아보아도 없다. KEDO가 북한에 짓는 원자로 콘크리트 타설 공사말고도, 일반 건축 사업에 콘크리트 타설을 수십 년 해왔을 텐데도 이런 단어가 빠져 있다.

중국식당에서 자장면을 시키면 양파와 함께 따라나오는 중국된장 '춘장'이 『표준국어대사전』(전3권)에는 나와 있지도 않다. '양장피잡채(兩張皮雜菜)'는 표제어에 있는데, '양장피'의 정의가 나와 있지 않다. '양장피잡채'에도 양장피가 무엇인지, 무엇으로 만드는지 설명이 되어 있지 않다.

얼마 전 부산항 스트라이크 때에 '환적(換積)'이란 용어가 매스컴에 자주 오르내렸지만, 사전에는 실려 있지 않았다. 또한 언론에는 취재원을 밝히지 않을 수 있는 '비익권(秘益權)'도 나와 있지 않다. '송실(松實)'을 찾으면 '솔방울'이 나오는데, '송실전병'은 솔방울로 만드는 것인가? '송실'의 정의에 '잣'이란 뜻이 빠져 있다. 우리가 많이 키우는 '행운목(幸運木, corn plant)' 또한 표제어에 빠져 있는 등 그 예는 수없이 많다. 성균관대학교 내에 있는 과거시험장인 '비천당(丕闡堂)'도 나와 있지 않다. 전국의 인재(人材)를 뽑기 위한 '크게 열린 집'이란 뜻인데 말이다. 또한 카오스 이론의 키워드인 '나비효과' 또한 찾을 수 없었다.

또 『표준국어대사전』이 옥스퍼드 영어사전의 41만 단어를 뛰어넘는 방대한 규모란 말도 옥스퍼드 영어사전을 모르고 하는 소리이다. 옥스퍼드 영어사전에서는 모든 단어가 역사적으로 어떤 뜻으로 쓰였는지 예문까지 싣고 있다. NED 또는 OED라고 약칭되는 옥스퍼드 출판부의 『The New English Dictionary』*는 단어의 역사적 변천을 정밀히 기술한 영어사전의 결정판이다. 1857년 언어학회(런던)는 이 사전의 발간을 제안받고 그 후 자료 수집을 진행했다.

최초에 사전 편찬 계획이 세워진 것은 1858년, 점차 고조되는 언어의 과학적 연구라는 요망에 따라, 언어학회가 발의하여 허버트 콜리지가 편집 책임을 맡아 작업을 시작하였다. 그가 세상을 떠난 후 F. J. 퍼니벌 박사가 뒤를 이었으나 그들은 20년 동안 자료 수집만을 하는 것에 그쳤다. 1879년 스코틀랜드인 제임스 머리는 중대한 편집 임무를 책임졌는데, 그가 맡았던 부분은 A-D, H-K, O, P, T뿐이었지만, 이 대사업(大事業)의 기초를 확립했다. 1884년 제1권이 간행된 이래 1928년에 드디어 완성되었으니 43년이 걸린 셈이다. 당시 머리는 이 사전이 12년 후 완성될 것이라고 예측했지만,

---

* 원제목은 『A New English Dictionary on Historical Principles』이다. 1933년에 『Oxford English Dictionary』로 바뀌었다.

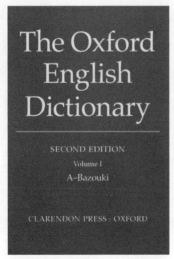

『옥스퍼드 영어사전』 1권 표지　　　　　『옥스퍼드 영어사전』 편찬 작업을 주도한
제임스 머리

입안(立案)한 후 70년이라는 긴 세월이 걸렸다. 표제어(entry)가 약
414,825개, 용례문(用例文) 1,827,306개, 인용 저자 약 5,000명, 총
페이지 16,353쪽, 편집에는 수많은 석학(碩學)들이 참여했지만, 주
요한 감수자는 허버트 콜리지, 머리, 브래들리, 크레이기와 C. T. 어
니언스였다. 전체의 약 절반은 머리의 손으로 만들어진 것이나 다
름없다.

　이 사전의 특색은 원제목 그대로, 철두철미 역사적 방법에 바탕
을 둔 점이며, 단어의 어원(語源)과 의미는 800명이나 되는 조수의
헌신적 노력과 일반인의 공헌으로 수집된 엄청난 용례에 바탕을 두
고서, 최초의 사용 예부터 오늘날에 이르기까지 그 변천이 밝혀진

점에 있다. 기원 1000년 이후의 영어를 모두 수록하고, 각 단어의 형태, 철자, 의미의 변천을 빠짐없이 기재하도록 했는데, 이 방침은 훌륭히 실현되었다. 1933년에 『보유』(補遺, *Supplement*, 867pp.) 제 1권이 발행되어 신어(新語), 신용례(新用例)들이 채록되었다. 1955년 로버트 W. 버치필드를 책임자로 전4권으로 구성된 새로운 『보유』 간행이 계속되었고, 1972, 1976, 1982, 1986년(12만 단어)에 각각 출간되었다.

1989년 'OED'로 알려진 제2판은 20권으로 간행되었다. 제2판에는 원래의 12권짜리 OED와 5권의 『보유』에 수록된 모든 단어가 들어 있다. 그리고 사전의 본문 전체가 전자 데이터 베이스에 수록되었다. 그리하여 이 사전은 세계의 모든 단어의 사전들 중 최대최선(最大最善)의 것이라 일컬어진다.*

우리가 옥스퍼드 영어사전과 같은 우수한 사전을 제작하려면 오랜 시간이 걸릴 것이다. 그러나 한 걸음 한 걸음 느리더라도 괜찮은

---

* 92년판(전20권)에는 한국어 중 'hangul(한글)', 'kimchi(김치)', 'kisaeng(기생, 妓生)', 'makkoli(막걸리)', 행정구역 단위인 'myon(면, 面)', 'ondol(온돌)', 한글의 속된 표현인 'onmun(언문, 諺文)', 'sijo(시조, 時調)', 'tae kwon do(태권도)', 'yangban(양반)'을 비롯하여, 화폐단위인 'won(원)' 등의 단어가 수록되어 있다. OED는 sijo(시조)를 "...A Korean lyric poem usu. consisting of twenty-four syllables divided into three lines."(한국 서정시로 대개 24음절로 구성되고 석 줄로 나뉨)라고 정의했는데, 유만근 교수가 45음절이 24음절로 잘못 되었음을 2002년 2월 14일 옥스퍼드 대학 출판부에 지적했고, 2월 25일 개정판에서 정정하겠다는 이메일을 받았다.

사전을 만들어보겠다는 의지를 가지고 진행해 나가는 것이 더욱 중요하다.

지금부터 일곱 종류의 영한사전을 자료로 삼아 나름대로 그 문제점들을 정리했다. 사전은 사회 각 분야가 총체적으로 연결된 작업물이다. 이를 한 개인, 한 출판사가 아닌 국가에서 주도적으로 작업해 나간다면 우리의 학문 수준, 나아가 문화 수준도 좀더 빨리 나아지지 않을까. 이 책이 그 소망을 위한 작은 출발점이 되기를 바란다. 이 책은《영어영문학》(2000년 여름호)에 발표된 논문이 바탕이 되었으며, 그 당시에는『엣센스』,『프라임』,『엘리트』,『현대』,『금성』, 이렇게 다섯 권의 영한사전을 대상으로 삼았다. 그후 최근에 출간된『슈프림』,『e4u』를 추가하여 자료를 보충했다. 그 결과 한 단어를 점검하는 데 일곱 권의 사전을 찾아봐야 했고, 경우에 따라서는 영어사전, 일본의 영화사전(英和辭典), 백과사전 등을 참고하기도 했다.

끝으로 이 책을 출간하는 데 지원을 아끼지 않은 재단법인 언어교육에 마음속 깊이 감사를 드린다.

차례

순우리말이 빠져 있다

한국어는 전세계 6,000여 개 언어들 중 열두 번째로 많은 사람들이 사용하는 언어이며, 따라서 영한사전은 이제 우리만의 사전이 아니다. 한국의 국력 신장과 더불어 세계 여러 나라 사람들이 한국어를 배우려고 노력하고 있는 이때 순수한 우리말이 빠진 영한사전은 영혼을 잃은 사전인 셈이고, 결국 우리가 보존하고자 하는 순수한 어휘들도 자연스럽게 사라져버릴 위험에 놓이게 된다.

영한사전의 가장 큰 결함을 꼽으라면 번역어에 순수한 우리말이 많이 빠져 있다는 점이다. 이는 1890년에 출간된 최초의 영한사전을 외국인(미국인)이 편찬했고, 해방 이후에도 언제나 일본에서 나온 사전을 본보기로 삼았기 때문이라고 생각한다.

해방 직후인 1946년에 나온 류형기편 『新生英韓辭典』(1946)은 일본 겐큐샤(研究社)의 『スクル英和辭典』(스쿨영화사전)을, 개정판 『新生英韓辭典』(1949년)은 일본 산세이도(三省堂)의 『最新コンサイス英和辭典』(최신콘사이스영화사전)을 기초로 한 것이었고, 권중

휘의 『스쿨영한사전』은 일본 이치가와 상키(市河三喜)의 『포켓용 리틀딕셔너리』를 번역한 것이었다. 어문각에서 출간한 『英韓大辭典』(1949)도 일본 겐큐샤의 『New English-Japanese Dictionary』를 바탕으로 했고, 시사영어사의 『랜덤하우스 英韓大辭典』(1991)도 일본에서 나온 랜덤하우스 사전을 토대로 한 것을 보면, 아직도 우리는 일본의 문화 식민지 시대를 벗어나지 못하고 있음을 알 수 있다. 1992년에 북한에서 나온 『영조대사전(英朝大辭典)』도 일본 겐큐샤의 『新英和辭典』을 바탕으로 한 것이다.

일반적으로 우리가 『국어사전』과 『영한사전』을 사용하는 횟수를 대충 짐작해보면, 『국어사전』은 일 년에 몇 번, 혹은 많아도 몇십 번 정도밖에 펼쳐보지 않지만, 『영한사전』은 매일 옆에 끼고 살아가는 것이 현실이다. 그렇기 때문에, 영한사전에 순우리말을 찾아서 수록하는 일은 우리말을 지키는 일이 되며, 또 우리말의 표현 능력과 영역을 확장하는 일이 될 것이다. 특히 순우리말은 외국의 문학작품을 번역할 때 문장을 부드럽고 자연스러우며 아름답게 해주기 때문에 매우 중요하다. 영한사전에 수록된 순우리말은 장기적으로는 한국어를 지키고 지탱하는 큰 기둥이다.

예를 들어 영한사전에서, appetizing에 '식욕(食慾)을 돋우는', 미각을 돋우는'은 있지만 '입맛을 돋우는'은 없다. chain-smoker 에는 단어가 아니라 설명 어구로 이루어진 '줄담배를 피우는 사람'이 나오지만 '골초'나 담배를 지나치게 많이 피우는 사람을 부를 때 쓰는 순우리말인 '용고뚜리' 는 나오지 않는다.

echelon을 '제형(梯形)' 이라고 해놓았을 뿐 요즘 많이 쓰는 '사다리꼴' 을 빠뜨린 사전들이 있다. face의 번역어에 '얼굴' 만 있고 '낯' 이 빠져 있다. 'have no face' 는 '볼 낯이 없다' , 'cover one's face' 는 '낯을 가리다' 등 face는 '낯' 으로도 자주 쓰인다

hawthorn(=may)의 경우 해방 이후 처음에는 '아가위나무' 라고 소개되었으나 지금은 모두 '산사(山査)나무' 로만 나와 있다. may는 '5월에 피는 꽃' 이란 뜻으로 may flower를 줄인 말이다. hawthorn의 열매는 haw라고 하는데, 순우리말로는 '아가위' 이다. 1920년에 나온 조선총독부편『朝鮮語辭典』에는 '아가위' 로 나와 있고 한자로 '山査子' 라고 소개하고 있다.

아가위나무

『朝鮮語辭典』에 실린 '아가위'

husband의 번역어에 '남편(男便)'만 있고 순수한 우리말인 '지아비'는 없다. '지아비'는 어른 앞에서 '남편'을 낮춰 부르거나 '아내 있는 남자'를 예스럽게 가리키는 말이다. 또한 wife를 찾아보면 약간 속된 표현으로 요즘은 사용을 자제하는 편인 '마누라'라는 어휘가 빠진 사전도 있다.

kidney*에 '콩팥'이 빠져 있는데, 제대로 기록한 사전은 『현대』뿐이다. 『엣센스』는 '양·소 따위의'를 괄호 속에 넣어야 하고, 『엘리트』는 '소·양 따위의'를 괄호 속에 넣는 것이 좋다. 이들 사전의 경우는 kidney가 마치 사람의 신장은 콩팥이 아니고, 소·양·돼지 등의 것만이 '콩팥'인 듯한 인상을 준다. 최근까지만 해도 나는 콩팥이 왜 '콩팥'으로 불리는지 제대로 알지 못했다. 그러던 중 우연히 『우리말 유래사전』에서 '콩'처럼 생긴 모양에 '팥'의 색깔을 하고 있어서 그렇게 부른다는 설명을 볼 수 있었다.

king을 찾아보면 번역어에 '왕', '국왕', '군주'는 있어도 '임금'은 없다. June은 '6월', October는 '10월'로만 나와 있고, '유월'

---

* kidney

엣센스	신장(腎臟) ; 양·소 따위의 콩팥(식용)
프라임	신장 ; (식품으로서의 소·양·돼지 등의) 콩팥
엘리트	신장, 〔식용이 되는〕 소·양 따위의 콩팥
현대	신장, 콩팥
금성	신장
슈프림	신장(腎臟); (식용으로서의 양·돼지 따위의) 콩팥
e4u	신장(腎臟); (소·양 따위의) 콩팥

'시월'처럼 숫자를 우리말로 적어놓지 않아 외국인이 자칫하면 '육월', '십월'로 읽을 염려가 있다. 숫자를 소개하면서 '10, 20, 30, …, 90' 등의 아라비아 숫자와 '열, 스물, 서른, … 아흔' 등의 우리말 어휘를 함께 소개해야 마땅할 것이다. lily에는 '백합'은 나오지만 '흰나리'는 빠져 있다. 참고로 참나리는 easter lily라고 한다. mating을 보면 '교배(交配)'라고만 나와 있고, 흔히 쓰는 '짝짓기'란 번역어는 실려 있지 않다. mountain에 '산(山)', '산악'은 있고 이를 예스럽게 부르는 '뫼'나 '메'는 빠져 있다.

other(s)를 '남(남들)'이라고 번역하면 더욱 매끄러울 부분에 '타인'이나 '다른 사람'이라고 옮겨 어색한 느낌을 주는 경우가 있다. pass에 '산길'은 있고, 박달재, 문경 새재 등에 쓰이는 '재'는 빠져 있다. peony에는 '모란' 혹은 '작약'은 있지만 '함박꽃'은 없

함박꽃

다. 함박꽃은 5~6월에 줄기 끝에 한 송이가 피는데, 크고 아름다우며 꽃색은 붉은색, 흰색 등 다양하다. teacher를 보면 '교사', '선생'은 있어도 '스승'은 없다. temple은 '사원'일 뿐 '절', '절간', '사찰(寺刹)'이란 말은 빠져 있다. this year라고 하면 '금년'이라고 쓰기도 하지만 '올해'를 많이 쓰기도 하는데

빠진 사전이 있다.

우리가 흔히 플라타너스라고 부르는 platan, platanus(plane tree)는 우리말로 '버즘나무' 라고도 한다. 영한사전에는 '플라타너스, 버짐나무' 로 나오는데 여기서 '버짐나무' 는 '버즘나무' 로 고쳐야 한다.

이탈리아 피렌체에는 미켈란젤로의 조각 다윗상(像)이 있다. 다윗의 자세는 거인 골리앗을 향하여 지금 막 무릿매(sling)로 주먹만한 돌을 내던지려는 포즈이다. 그런데 대부분의 영한사전에는 '무릿매' 란 번역어가 나와 있지 않고, '투석기(投石器)' 로 나와 있다. 옛 구약성경에는 sling*이 '물매' 로, 2001년 번역에는 '무릿매' 로 되어 있다. 1920년판 조선총독부 편 『朝鮮語辭典』에는 '무리ㅅ매' 로 나와 있다. 투석기라면 우리는 성벽을 향해서, 혹은 성벽 너머로 거대한 바위를 발사하는 거대한 전쟁도구를 연상하게 된다. 그런데 소년 다윗이 사용한 무기는 그런 것이 아니었다.

무릿매는 매우 오래된 평범한 무기로, 두 개의 가죽끈 중간에 붙들어맨 조그마한 가죽 혹은 천조각으로 구성되어 있는데, 그 가죽 속에 주먹만한 돌을 집어넣은 다음 두 끈을 잡아 빙빙 휘두르다가 가죽끈 하나를 놓으면 돌을 미

『朝鮮語辭典』에 실린
'무릿매' 설명

무릿매를 던지는 모습

사일처럼 발사하는 아주 간단한 무기였다. 무릿매돌로는 흔히 불에
구운 진흙덩어리나 천연석(天然石)을 사용했다. 소년 다윗이 무릿
매를 사용한 지 3,000년이 지난 지금 골리앗의 후손들인 팔레스타
인 소년들이 이스라엘 탱크를 향해 무릿매를 획획 휘두르는 모습을
TV에서 보면서 정말 역사의 아이러니를 느끼게 된다.

이 sling이라는 단어는 셰익스피어의 『햄릿』의 유명한 독백 부분

* sling

엣센스	투석기; 새총; 고무총
프라임	투석기(投石器)((옛날의 무기));(투석기로) 돌을 쏨;팔매질
엘리트	투석기; 고무줄 새총(slingshot)
현대	무릿매((돌맹이 따위를 멀리 던지는 놀이)); 투석기(옛날 무기); (투석기로)돌을 쏘기, 팔매질
금성	투석기; 고무줄 새총; (투석기에 의한) 투석, 팔매질
슈프림	투석기; 투석기로 돌 던지기
e4u	투석기;고무줄 새총; (투석기에 의한) 투석, 내던지기

에도 나온다. 내가 알기로는 지금까지 sling을 '무릿매'란 어휘로 옮긴 사람은 없는 것으로 알고 있다.

To be, or not to be: that is the question:

Whether 'tis nobler in the mind to suffer

The slings and arrows of outrageous fortune,

Or to take arms against a sea of troubles,

And by opposing end them? To die: to sleep;

살 것인가 아니면 죽을 것인가, 이것이 문제로다:

포악한 운명의 무릿매와 화살을

마음속에서 참는 것이 더 고귀한가?

아니면 고난(苦難)의 바다에 대항하여 무기를 들어

고난을 끝장내버리는 것이? 죽는 것은 잠자는 것;

인체해부학자에게는 인체(人體)의 모든 부분이 연구의 대상으로 소중하게 다뤄지고, 화학자에게는 우주를 구성하는 모든 원소들이 아름답게 느껴지듯이, 사전 편찬자는 언어의 미묘한 부분까지 놓치지 않고 포착할 수 있어야 한다. 예를 들어 영한사전에서 성기(性器)에 관한 번역어는 모두가 한자어(漢字語)를 한글로만 표기한 것이고, 순수한 우리말을 수록한 경우는 거의 없다. 성기에 관한 순우리말은 국어사전에는 모두 실려 있는데, 영한사전 및 한영사전에는 제대로 반영이 되어 있지 않았다. 왜 이런 결과가 생겼을까? 영한 사전을 이야기할 때 숙명처럼 따라다니는 일본 영어사전의 영향 때 문이다.

30쪽에서 순우리말이 빠진 예들을 더 들어보겠다.

	사전에 실려 있는 번역어	추가되어야 할 순우리말
about	약(約), 대략(大略)	어림잡아
accident	사고(事故)	탈
achieve	성취(成就)하다	이룩하다
aggravate	악화(惡化)시키다	덧나게 하다
always	항상(恒常)	늘
amniotic fluid	양수(羊水)	모래집물
anger	분노(憤怒)	부아
arrest	체포(逮捕)하다	붙잡다
author	작가(作家), 저자(著者)	지은이
bad	악질(惡質)의	못된
bankrupt	파산(破産)하다	거덜나다
body	시체(屍體), 시신(屍身)	송장
brew	양조(釀造)하다	(술을) 빚다
camel	낙타(駱駝)	약대
circle	원(圓)	동그라미
(classical) scholar	학자(學者)	선비
collect	징수(徵收)하다	걷다
	수금(收金)하다	
compare	비교(比較)하다	견주다

	사전에 실려 있는 번역어	추가되어야 할 순우리말
competition	경쟁(競爭)	겨루기
contents	목차(目次)	벼리
deservedly	당연(當然)히, 정당(正當)히	마땅히
discount	할인(割引)	에누리
disobey	불복종(不服從)하다	어기다
distinguished	탁월(卓越)한	빼어난
editor	편집자(編輯者)	엮은이
edit	편집(編輯)하다	엮다
eighty	팔십(八十)	여든
enough	충분(充分)한	넉넉한
epidemic	전염병(傳染病)	돌림병
epilepsy	간질(癎疾)	지랄병
escape	도망(逃亡)치다	내빼다
evident	명백(明白)한	뻔한
falling star	유성(流星)	별똥
fat	지방(脂肪)	굳기름
fear	공포(恐怖)	겁
flax	아마(亞麻), 마직(麻織)	삼, 삼베
foreskin	포경(包莖)	우멍거지
free	무료(無料)로	거저

	사전에 실려 있는 번역어	추가되어야 할 순우리말
frequent	빈번(頻繁)한	잦은
fuel	연료(燃料)	땔감
gallery	관객(觀客), 관중(觀衆)	구경꾼들
go break	파산(破産)하다	거덜나다
healthy	건강(健康)한	성한
hibernation	동면(冬眠)	겨울잠
husband	남편(男便)	지아비
immature	미숙(未熟)한	철부지의
interchange	입체교차로(立體交叉路)	나들목
kill	(동물을) 도살(屠殺)하다	잡다
leper	나(병)환자(癩[病]患者)	문둥이
lesbianism	여자동성애(女子同性愛)	밴대질
letter-form	활자(活字)의 디자인 문자(文字)의 형태	글꼴
man and wife	부부(夫婦)	가시버시(부부의 속된 말)
market	시장(市場)	저자
menstruation	월경(月經)	달거리
menu	식단표(食單表)	차림표
metal	금속(金屬)	쇠붙이
middle	중앙(中央), 중간(中間)	(한)복판

	사전에 실려 있는 번역어	추가되어야 할 순우리말
mumps	이하선염(耳下腺炎)	볼거리
nation	국민(國民)	겨레
naturally	당연(當然)히	마땅히
nipple	유두(乳頭)	젖꼭지
obvious	명백(明白)한	뻔한
parotitis	이하선염(耳下腺炎)	볼거리
phantom	환영(幻影)	허깨비
phlegm	담(痰)	가래
plain water	순수한 물, 담수(淡水)	맹물
plain	평원(平原), 평야(平野)	벌판
plum	자두(紫桃)	오얏
precede	선행(先行)하다	앞서가다
priest	(다른 종교의) 승려(僧侶)	스님
reliable	신뢰성(信賴性) 있는	미더운
role	역(할)(役割)	노릇
shape	모양(模樣), 형상(形狀, 形象)	생김새
skin	피부(皮膚)	살갗
sodomy	남색(男色)	비역질
structure	구조(構造)	얼개, 짜임새
swoon	기절(氣絶)하다,	까무러치다

	사전에 실려 있는 번역어	추가되어야 할 순우리말
table	식탁(食卓)	밥상
times	배(倍)	곱절
uncle	백부(伯父), 숙부(叔父)	큰아버지, 작은아버지
understand	이해(理解)하다	터득하다
usage	용법(用法)	씀새, 쓰임새
use	효용(效用), 유용(有用), 소용(所用)	쓸모
wage	임금(賃金), 노임(勞賃)	삯
weed	잡초를 뽑다 제초(除草)하다	김매다
wise	현명(賢明)한	슬기로운
world	세상(世上)	누리

실제로 쓰는 번역어가 많이 빠져 있다

실제로 많이 쓰는 어휘가 사전에 수록되어 있지 않아 영어 단어를 번역하거나 통역할 때 상당한 불편이 따르는 경우가 많다. 이러한 문제점은 우리나라 영한사전 편찬의 역사를 살펴보면 필연적으로 그러할 수밖에 없는 당연한 결과의 산물인지도 모른다. 사전을 만든다는 것은 원고에서 교정, 그리고 제본까지 엄청난 시간과 노력이 들어가는 과정이다. 그러나 사전 편찬 출판사들은 출간 방향이나 일정들을 장기적으로 생각할 겨를도 없이 일본에서 펴낸 사전들을 참고하여 만들기 바빴다. 그동안 우리의 '빨리빨리', '대충' 문화는 사전에도 그대로 영향을 미쳤다. 그리하여 스스로 사전을 편찬할 실력을 제대로 기르지도 못한 것이 현실이다.

영한사전 편찬의 역사는, 일본 『英和辭典』 편찬의 역사와 비교해 보면, 전문분야 협력자들의 참여가 거의 없는 외면당한 역사라 해도 지나친 말이 아닐 것이다. 많은 사람들이 영한사전을 찾다가 미흡하다고 느끼는 점은 문맥에 맞는 적절한 번역어를 발견하기 힘들다는 것이다.

adult에 '어른', '성인'은 있고 '어르신, 어르신네'는 없다. 또한 age에 '연령'은 있고 '연세(年歲)', '춘추(春秋)'는 없다. 'He is seventy years old of age.'를 '그 노인은 연세가 일흔이다'라고 번역해야 할 때가 있고, 'What is your age?'를 '춘추가 몇이십니까?'로 옮겨야 할 때가 있는 것이다.

한국외국어대학교에는 '아랍어과'가 있는데, 이 과를 일반적으로 '아라비아어과' 혹은 '아랍말과'라고 부르지는 않는다. 그런데도 Arabic*이라는 단어를 찾아보면 실제로 많이 쓰는 '아랍어'는 제대로 실려 있지 않다. 대부분 '아라비아어'와 '아라비아말'이라는 어휘가 수록되어 있는데, 이 경우도 실제로 더 많이 쓰는 어휘가 빠져 있다고 볼 수 있다.

독일 극작가 브레히트의 연극 이론 용어인 alienation**을 '낯설게 하기'라고 하는데, 이는 등장인물에 대한 관객의 감정이입을 거부함으로써 역(逆)으로 효과를 올리는 것을 가리킨다. 단 한 권의

---

* Arabic		** alienation	
엣센스	아라비아어, 아라비아 사람의	엣센스	멀리함 ; 소격(疏隔), 이간, (자기)소외
프라임	아라비아말	프라임	소원, 소외감, 이간
엘리트	아라비아(아랍)어	엘리트	소원하게 하기, 멀리하기, 불화, 이간 ; 소외
현대	아라비아어	현대	소외, 이간
금성	아라비아어	금성	소외, 소원, 티격남(estrangement)
슈프림	아라비아말	슈프림	따돌림, 소원(疏遠), 이간
e4u	아라비아(아랍)어	e4u	소원하게 하기, 멀리하기, 불화, 이간, 소외

아네모네

사전에서도 실제로 많이 쓰이는 '낯설게 하기'가 실려 있지 않다.

영한사전 모두에 anemone*의 번역어에 '바람꽃'이 빠져 있다. 꽃이름은 그리스어 아네모스(anemos, 바람)에서 왔는데, 꽃말은 '사랑의 괴로움'이다. 바람꽃은 그 유래가 그리스 신화에 전해지는데, 바로 아도니스와 아프로디테, 그리고 페르세포네에 대한 이야기이다. 아도니스는 퀴프로스의 왕 키뉘라스와 딸 뮈라 사이에서 불륜의 사랑으로 태어난 미소년이다. 아프로디테는 그 미모에 반해 아기를 하계(下界)의 왕비 페르세포네한테 보내 양육을 부탁하지만, 그녀도 아도니스를 좋아하게 되었다. 이를 알게 된 아프로디테가 아기를 돌려달라고 했지만, 페르세포네는 거절했다. 그래서 제우스는 일년 중 1/3은 하계에서, 1/3은 아프로디테와 함께, 나머지 1/3은 아도니스

---

* anemone

엣센스	아네모네(Gk. 「바람의 달」의 뜻에서)
프라임	1【식물】아네모네→「바람의 딸」이라는 뜻에서
엘리트	1 아네모네
현대	아네모네(windflower)【Gk】=wind flower(anemos wind)
금성	아네모네속의 총칭(windflower)〔라틴어에서, 원래는 그리스어 ánemone?(ánemos 바람+one 여성을 나타내는 어미=바람의 딸)〕
슈프림	아네모네(windflower)
e4u	아네모네

역도 경기에서 3시기로
나누어 들어올리는 모습

가 있고 싶은 곳에 있도록 중재를 했다. 그러나 아프로디테는 그를
독차지하려 했다. 페르세포네는 화가 나서 아프로디테의 정부(情
夫) 아레스를 찾아가 고자질했다. 아레스는 멧돼지로 변신하여 사
냥에 나선 아도니스의 허벅지를 엄니로 찔러 죽였다. 그런데 그의
피에서 아네모네 꽃이 피어나고, 그의 죽음을 슬퍼하는 아프로디테
의 눈물에서는 장미꽃이 피어났다고 한다.

　역도, 높이뛰기, 던지기 등의 경기를 보면 '시기(試技)'라는 단
어를 많이 쓴다. 역도경기에서 선수는 각 종목마다 세 번 들어올려
서, 그 기록의 합계로 순위를 가린다. 또 육상경기에서 '시기'는 뛰
거나 던지기를 시도하는 일을 가리킨다. 체조 경기에서는 뜀틀에서
뛰기를 두 번 시도하는 일을 말한다. 선수가 두세 번씩 시도하는데,
이를 각각 제1시기(試技, first attempt), 제2시기(second attempt),

제3시기(third attempt)라고 한다. 그런데 attempt의 번역어에는 '시도' 밖에 없다. 일본 영어사전에도 '試技'는 나오지 않는다.

2002년 12월, 교황 요한 바오로 2세는 테레사 수녀가 기적을 일으켰음을 인정하고, 성인(聖人, saint) 바로 아래인 복자*(福者, the blessed) 칭호를 내리기로 했다. the blessed는 가톨릭에서 목숨을 다해 신앙을 지켰거나 생전에 뛰어난 덕행으로 신자들의 존경의 대상이 된 사람을 가리킨다. 그런데 우리나라 영한사전 가운데 '복자'란 번역어가 나와 있는 사전은 『엘리트』와 『슈프림』, 『e4u』뿐이다. saint는 우리가 흔히 생각하는 성인(聖人)이기도 하지만, 또한 가톨릭에서의 聖人(saint)은 교황이 시성식(諡聖式, canonization)을 통해 내리는, 복자(the blessed) 바로 위의 칭호이다.

body에 '시신(屍身)'이란 번역어가 없다. 요즘 신문에서는 '시체'라는 말은 잘 쓰지 않고 '사체(死體)'라고 쓰고 있는데, '사체' 또한 나와 있지 않다. 『e4u』에 나와 있는 '신변'은 '신병(身柄)'으로 고쳐야 한다.

---

* **the blessed (ones)** 복자(福者)

엣센스	천국의 성인들
프라임	천국의 뭇 성인(성도)
엘리트	복자
현대	하늘에 계신 여러 성인
금성	없음
슈프림	복자(福者)
e4u	복자

같은 호칭을 쓸 때에도 상황에 따라 다양하게 부를 수 있다. 예를 들어 brother는 부르는 사람의 성별에 따라 '형', '남동생' 혹은 '오빠' 등으로 부를 수 있는데도 남자들의 관계에서만 쓸 수 있는 '형제', '형' 등의 의미만이 실려 있을 뿐이다. sister 또한 '누나', '누님' 등의 번역어가 빠져 있다.

broadband는 요즘에는 '초고속 인터넷'으로 많이 번역되는데, 영한사전에는 모두 '광대역(廣大域)의', '광대역 전송', '다중 통신망'으로만 번역되어 있다.

우리가 흔히 부자에 대해 부정적으로 이야기할 때 "약대가 바늘귀로 들어가는 것이 부자가 하나님 나라에 들어가는 것보다 쉽다"는 말을 인용한다(마 19:23; 막 10:25; 눅 18:24～25). 그런데 camel의 번역어로 '약대'가 나와 있는 사전은 하나도 없다.

구약에서 가장 많이 언급된 나무인 백향목(cedar*, 柏香木)은 레바논 산맥에 울창했던 침엽수인데, 사전에는 '백향목'이라는 번역어가 빠져 있다. 백향목은 높이가 24～30m까지 솟아오른 위풍당당

---

* cedar

엣센스	히말라야 삼목, 삼목
프라임	히말라야 삼목
엘리트	서양 삼나무[松柏類의 나무] ; 히말라야 삼나무
현대	설송[히말라야 시더] ; the Cedar of Lebanon
금성	히말라야 삼목 ; 향나무 등 삼나무 비슷한 각종 침엽수
슈프림	히말라야 삼목(杉木) ; 레바논 삼목(the Cedar of Lebanon)
e4u	서양 삼나무 ; 히말라야 삼나무 ; 레바논 삼나무(the Cedar of Lebanon)

백향목

한 나무로, 나뭇가지가 지면(地面)과 수평을 이루며 층층으로 뻗었기 때문에 보기에 매우 아름다웠다.

백향목은 건축자재로 매우 뛰어나, 이스라엘로 수입되어 다윗 왕의 궁전과 솔로몬 왕의 성전(聖殿)을 짓는 데 사용되었다. 특히 솔로몬의 궁전 안에는 '레바논 나무(백향목) 궁전'이 따로 건축되었다. 종종 힘과 영광과 호화로움의 상징으로 나타나는데, 〈시편〉 80편에 "그 그늘이 산들을 드리우고 그 가지는 하나님의 백향목 같으며"라고 표현하였다. 그런데 안타깝게도 '백향목'이 실린 사전은 한 권도 없다.

chariot*(이륜전차〔二輪戰車〕, 병거〔兵車〕)는 많은 고대인들이

* chariot

엣센스	(고대의) 전차(戰車)(전쟁·사냥·경주에 말 두 필이 끈)
프라임	(고대 그리스·로마의 전투·개선·경주용의) 2륜 전차(戰車)
엘리트	〔1인승 2륜의〕 전차(戰車)〔옛날에 전쟁·경기 따위에 썼다〕
현대	2륜전차(고대 그리스·로마에서 전쟁·경주 따위에 쓴 2륜마차로 선 채로 탔음)
금성	(고대의 전투·경기용) 1인승 2륜전차
슈프림	(옛날의 두 바퀴) 전차(戰車)
e4u	(1인승 2륜의) 전차(戰車)(전쟁·경기용)

이륜전차(二輪戰車), 병거(兵車)

초기에 이용한 가장 단순한 탈것이었다. 기원전 2000년쯤 말이 도입되기 전에 바빌로니아에서 쓰였으며, 처음에는 주로 당나귀들이 끌었다.

기원전 17~16세기에 이집트를 지배했던 힉소스 왕조에 의해 이집트에 들어온 chariot은 주로 전쟁 무기로 중동에 널리 퍼졌다. 앗시리아인들은 바퀴에 큰 낫(scythe)을 매단 chariot를 도입했고, 페르시아인들도 그것을 채택했다. 그리스와 로마에서는 chariot가 전쟁에 별로 사용되지는 않았지만, 경기(競技)와 개선행진 같은 용도로는 자주 쓰였다. 그래서 고대 로마의 경기장에서 chariot race가 열렸으며, 그 모양새가 점점 발전했다. 고대의 chariot는 나란히 매단 두 마리 혹은 네 마리의 말이 끄는 매우 가벼운 수레로,, 영화 〈벤허〉를 보면 이륜전차 경주를 볼 수 있다. 성경에서 chariot는

「창세기」 41장 43절에 처음 나온다.

바로가 또 요셉에게 말하였다. "내가 너를 온 이집트 땅의 총리로
세운다." 그렇게 말하면서, 바로는 손가락에 끼고 있는 옥새 반지
를 빼서 요셉의 손가락에 끼우고, 고운 모시옷을 입히고, 금목걸이
를 목에다 걸어주었다. 그런 다음에, 또 자기의 병거에 버금가는
병거에 요셉을 태우니, 사람들이 "물러나거라!" 하고 외쳤다.

　　　　　　　　　　　　　　　　　　　　　　—창세기 41 : 41-43

'병거'란 한자로 兵車이다. 즉 '전쟁할 때 타는 수레'란 뜻이다.
가장 극적인 장면은 바로(Pharaoh, 람세스 2세)가 홍해를 건너는 모
세를 추격하는 장면이다.

바로는 병거를 갖추고, 군대를 이끌고 나섰다. 그는 특수 병거 육
백 대로 편성된 정예부대와 장교들이 지휘하는 이집트 병거부대를
모두 이끌고 나섰다. … 마침내 바로의 모든 병거와 기마와 그의 기
병과 보병으로 구성된 그의 이집트 군대가 이스라엘 백성을 추격하
여, 그들이 진을 치고 있는 비하히롯 근처 바알스본 맞은쪽 바닷가
에 이르렀다. 　—출애굽기 14 : 6-9

그러면 영한사전에는 chariot가 어떻게 번역되어 있을까?

'병거(兵車)'가 나와 있는 사전은 한 권도 없다. 전차(戰車)라면 탱크가 먼저 떠오르고, 그 다음엔 전차(電車)가 떠오른다. 그러므로 혼동을 피하기 위해서는 '2륜전차'나 '이륜병거'로 하는 것이 어떨까?

context*에 '맥락(脈絡)'이라는 번역어를 제시한 사전은 『e4u』하나뿐이다. 'in the context of'란 어구에서, 문장(文章)에 관한 내용일 경우 '~의 문맥에서'가 맞지만, 어떤 사정이나 상황일 경우 '~의 맥락(脈絡)에서'가 더 적절하다.

조각이나 판목 등을 그대로 본떠서 생기는 것을 copy는 임모(臨模), 모각(模刻)이라고 한다. 현재 그리스 대가(大家)들의 원작(原作)은 거의 남아 있지 않지만, 로마 조각가들의 모각(模刻)들이 많이 남아 있어 그리스 조각의 아름다움을 감상할 수가 있다. KBS TV 〈진품명품〉에서 '임모'라는 말을 자주 듣는데, 이 단어를 수록한 사전은 한 권도 없다.

은행에 예금된 금액 내에서 인출할 수 있는 debit card의 번역어

---

* context

엣센스	(글의) 전후 관계, 문맥 ; 상황, 사정, 환경(of)
프라임	문맥, (문장의) 전후 관계 ; (어떤 일의) 정황, 배경, 환경
엘리트	(문장의) 문맥, 전후 관계, 정황, 주변 상황, 배경
현대	(문장의) 전후 관계, 문맥, 환경, 배경, 정황
금성	(문장·내용의) 전후 관계, 문맥, 배경, 상황
슈프림	(글의) 전후 관계, 문맥 ; 관계, 상황
e4u	(문장의) 문맥, 맥락, 전후 관계; 정황, 배경

는 '직불(直拂) 카드'로, 이름 그대로 지불을 하는 동시에 은행 잔액에서 돈이 빠져 나가는 카드다. 우리나라 영한사전 가운데 이 번역어가 나와 있는 사전은 단 한 권밖에 없다. 발음 표기도 '데빗 카드', '데비트 카드', '크레디트 카드', '크레딧 카드', 네 가지로 나와 있다. 더군다나 『슈프림』에는 '크레디트'가 '크레디드'로 잘못 표기되어 있다.

deconstruction*은 '해체(解體) 탈구축', '해체구축', '해체주의', '해체비평', 네 가지 번역어가 있으니 어떤 용어로 정리하여 써야 할지 혼란스럽다. 일본 『General Reader사전』에는 '解體批評, 脫構築, ディコンストラクシヨン((テキストをそこに內在する言語の自己指示性によつて讀み解き,テキストを構成している言語機能や哲學的·社會的·文化的·政治的前提を解釋しようとする文藝批評の一方法))'이라고 설명되어 있는데, 이를 옮겨보면 '해체비평, 탈구축, 디컨스트럭션(텍스트를 내재하는 언어의 자기 지시성

----

* deconstruction

엣센스	탈(脫)구축, 해체구축(구조주의 문학 이론 이후에 유행한 비평 방법))
프라임	해체주의((1960년대 프랑스 비평가 J. Derrida가 제창한 비평 이론 ; 선과 악, 사물과 언어, 존재와 표상 등 이원론의 전체성을 부정하고 다원론을 주장))
엘리트	해체 비평
현대	탈(脫)구축, 해체구축((구조주의 문학 이론 이후에 유행한 비평 방법))
금성	없음
슈프림	해체 비평
e4u	해체(解體); 해체 비평[이론], 탈구축(脫構築) (이론)

에 의해 읽고 풀며, 텍스트를 구성하는 언어기능이나 철학적·사회적·문화적·정치적 전제를 해석하려고 하는 문예비평의 한 방법)'이라는 뜻이다.

discourse*는 '담론(談論)'이란 번역어로 가장 많이 쓰이는데 영한사전에는 과연 어떻게 나오는가? 실제로는 별로 쓰지 않는 '강화(講話), 강의, 이야기' 등의 번역어가 우선순위를 차지하고 있다.

discrepancy**는 '괴리(乖離)'라는 뜻으로 자주 풀이되는 어휘인데, 정작 이 '괴리'라는 번역어는 어떤 사전에도 나와 있지 않다.

내가 기억하기로는 국립국어연구원 편 『표준국어대사전』(1999)에도 없는 '수월성(excellence)'이란 단어가 매스컴에서 자주 오르내린 지가 10년도 넘었다. 처음 그 단어를 들었을 때 한자(漢字)로

---

* discourse

엣센스	1. 강화(講話), 강연, 설교 ; ~론(論), 논문, 2. 이야기, 담화 ; 의견의 교환
프라임	강화(講話), 강연, 설교 ; 연설, 담론, 이야기, 담화, 논설, 논문
엘리트	이야기, 담화; 강연, 설교, 논설, 논문, 담화
현대	강의, 강연 ; 논설, 논문; 회화, 담화, 설교, 이야기, 화법, 담화
금성	말에 의한 사상의 전달 ; 회화, 이야기, 담화; 담화, 디스코스, 화법
슈프림	이야기, 강화(講話), 강연, 설교, 화법(話法); 담화, 담론
e4u	이야기, 담화, 담론(談論); 말에 의한 사상 전달; 강연, 설교, 논설

** discrepancy

엣센스	상위, 불일치; 어긋남, 모순	프라임	모순, 불일치, 어긋남
엘리트	차이, 불일치; 모순, 앞뒤의 어긋남	현대	모순, 불일치, 차이, 어긋남
금성	차이, 어긋남; 불일치, 모순	슈프림	맞지 않음, 불일치, 모순; 어긋남
e4u	상위, 불일치; 모순, 앞뒤가 어긋남		

어떻게 쓰는지 궁금했는데, 알고 보니 '秀越性'이었다. 이처럼 매스컴에서 많이 쓰는 용어가 사전에 아직 수록되어 있지 않은 경우, 개정판을 펴낼 때 부지런히 반영하는 신속성을 보여야 한다.

grapefruit*를 글자 그대로 번역하면 '포도열매'인데 왜 '포도'가 아니고 '자몽'이라고 부르는가? 영한사전들 가운데 '자몽'이라고 나와 있는 것은 한 군데뿐이다. 유만근 교수는 '자몽'의 유래를 이렇게 설명한다.

포르뚜갈말 zamboa → 일본말 ザボン zabon → 우리말 '자몽'

굴 중에서 제일 큰 것을 나타내는 '자몽'이라는 말의 내력을 더듬어보면, 포르뚜갈말 zamboa가 일본말에 와서 ザボン(자봉, zabon)이 되고, 그것이 우리말에 와서 '자몽'이 된 것이다.

원래 '자몽'이란 과일은 영어로 정확하게 말하면 '포멜로'(pomelo) 또는 '섀덕'(shaddock)이라고 하는 것인데, 이것은 '그레입후룻'(grapefruit)과 비슷하지만 그보다 좀더 크고 서양 배

---

* grapefruit

엣센스	그레이프프루트, 자몽(pomelo)
프라임	그레이프프루트
엘리트	그레이프프룻
현대	그레이프프루트(pomelo와 비슷한 북미 남부 특산의 열매)
금성	그레이프프루트
슈프림	그레이프프루트
e4u	그레이프프루트

(梨)처럼 꼭지 부분이 봉긋이 올라간 것이다. 그런데 지금 우리는 '그레입 후룻'을 대강 '자몽'이라 부르고 있으니 단어의 발음은 물론 뜻도 조금 달라진 것이다.

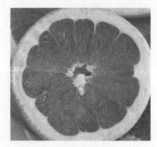
자몽

이처럼 '외래어'는 '외국어'와 차이가 생기는 것이 보통이니, '자몽' 대신 마땅한 우리말이 따로 없는 터에, 원음과 원뜻을 너무 따질 것 없이 '자몽'이라는 말은 음절구조상 그런 대로 우리가 쓸만한 외래어가 되었다고 보아도 좋지 않을까 한다.

예전에 impotence*를 찾으면 신문·TV·잡지에서 실제로 많이 쓰는 '발기부전(勃起不全)'이란 번역어가 나와 있는 사전은 단 한 권도 없었으며, '(남성의) 성교불능', '음위(陰痿)', '(가축의)〔교미〕불능증', '(남성의) 성적 무능력, 교접불능', '음경위축'으로만

---

* impotence(2003년 현재)

엣센스	음위 : (가축의) 발기 [교미] 불능증
프라임	성교 불능, 음위, 발기 부전
엘리트	남성의 성적 무능력, 교접 불능, 음위
현대	음경위축, 성교 불능(증), 임포텐스
금성	성적 무능력, 성교 불능, 음위
슈프림	성교 불능, 음위
e4u	발기 부전, 성적 무능력, 교접 불능, 음위

나와 있었다. 2000년 2월 11일자 조선일보 신년특집 〈영어가 경쟁력이다 ⑦부실한 영한사전〉에서 impotence에 '발기 부전'이란 번역어가 빠져 있음을 지적했는데도 이후 두 사전에만 반영되어 있다. virgin에는 실제로 많이 쓰는 '총각(總角)'은 빠져 있고 '동정남(童貞男)'만 실려 있다.

콜럼버스는 자신이 발견한 신대륙을 인도로 착각하여 원주민을 인디오라고 불렀는데, 뒤에 인도 사람과 구별하기 위하여 아메리카 인디언이라고 부르게 되었다. 지금은 중남미에 사는 아메리카 인디언을 '인디오'라고 부르는 경우가 있는데, 우리나라 영한사전에는 '인디오'란 번역어가 빠져 있다.

I. P. A. (=International Phonetic Alphabet, 1886년 제정)는 세계 음성학협회(International Phonetic Association)에서 정한 음성기호로, 로마자를 주로 한 자모적 기호이다. 한국음성학회에서는 '국제 음성문자'란 번역어를 쓰는데, 영한사전에는 '국제 음표문자'라고만 나와 있다. 일본 영어사전의 '國際 音標文字'를 그대로 음역한 듯하다.

고속도로에 나서면 '분기점'(分岐點, junction)이 있는데, 이 junction을 '분기점'이라고 번역한 사전은 한 권도 없다. 또한 lane이 '차로(車路)'로 번역된 사전은 한 권도 없고, 모두 '차선(車線)'으로만 나와 있다.

영한사전에는 letter form의 번역어로 현재 사용하는 '글꼴'은 나와 있지 않다. '글꼴'은 '문자의 형태'라는 말로도 풀 수 있는데, 한자어로 '자체(字體)'라고 해도 좋을 것이다.

martyrdom은 '순교(殉敎)'라는 의미로 쓰이기도 하지만, 여기에 '순국(殉國)'이란 번역어를 첨가해도 좋을 것이다. 종교를 위하여 죽었을 때 '순교(殉敎)'라고 하고, 국가를 위해 죽었을 때 '순국(殉國)'했다고 이야기한다.

천주교에서 사용하는 라틴어 mea culpa*(=through my fault)의 현재 실제로 사용하는 번역어는 '제 탓이오'이다. 영한사전에는 어떻게 나와 있을까? 1993년 이후 '내 탓이오'를 '제 탓이오'로 바꾸었는데도 아직까지 단 한 권의 사전에도 반영되어 있지 않다. 이렇게 무방비 상태이면서도 매년 초가 되면 사전 내용을 업데이트했다고 광고한다.

multiplication table을 영한사전에서 찾아보면 실제로 많이 쓰는 '구구단'이란 번역어는 없고, '구구표', '곱셈표'만 나와 있다. 일본 사전에는 '승산표(乘算表)', '九九の表(구구표)'로 나와 있다.

---

* mea culpa(=through my fault)

엣센스	내 탓으로 ; 개인 실수[과실]의 정식 시인
프라임	내 잘못으로
엘리트	없음
현대	자기 과실의 긍정[시인] ; 내 탓으로, 자기 과실에 의해
금성	없음
슈프림	내 잘못이라(I am to blame)
e4u	나의 과실로

neuro-psychiatrist는 영한사전에서 '신경정신병의(醫)', '신경정신병학자[의사]'이지만, 실제로 많이 쓰이는 번역어는 '신경정신과의(醫)'이다.

new에는 '새로운'이라는 번역어가 있지만, 실제로 많이 쓰는 '새'와 '신(新)'(예를 들어 New Year, 새해, 신년)을 추가해도 좋을 것이다. chairman에는 '의장', '위원장'은 있고, '좌장(座長)'은 나와 있지 않다. 뉴스 기사를 살펴보면 거의 매일 '좌장'이라는 어휘를 만날 수 있다. 예를 들어 '여야 의원들의 좌장 경쟁이 위험 수위에 이른 형국이다.'라든가 올해 말로 1주기를 맞은 서옹, 월하 스님의 이야기를 하면서 이들을 한국 불교를 이끈 '좌장'이라고 표현했다.

예수 그리스도가 로마인에게 넘겨진 곳이며 승천한 곳이기도 한 The Mount of Olives(올리브산)은 예전의 성경에는 '감람산(橄欖山)'으로 번역되었다. 높이 800m의 이 산의 서쪽 기슭에 그리스도의 수난이 시작되는 겟세마네 동산이 있다. 〈사도행전〉 1장에는 이 산꼭대기에서 그리스도가 승천했다고 기록되어 있다. olive가 '감람나무'로 나와 있는 사전은 없고, '감람'이 올리브 나무인 줄 아는 경우도 아주 드물다.

노아의 홍수 때, 물이 가라앉자 노아는 처음엔 갈가마귀(raven)를 날려보냈다가 두 번째에는 비둘기(dove)를 날려보냈는데 그냥 돌

올리브산

아왔기에 일주일 후 다시 날려보냈더니 입에 감람(橄欖)새 잎사귀

가 있는지라 이에 노아가 땅에 물이 감(減)한 줄 알았다.

-「창세기」8:11

최근 번역에서는 '올리브 이파리'(『공동 번역』, 1977), '올리브 잎

사귀'(『표준 새번역』개정판, 2001)로 나와 있다.

option*은 '대안(代案)'이라는 좋은 번역어가 있는데 모든 사전

---

* option

엣센스	1. 선택권, 선택의 자유 ; 선택 취사(取捨)
	2. 선택할 수 있는 것, 옵션 ; (英) 선택 과목 ; 선택권, 옵션
프라임	취사 선택 ; 선택권, 선택할 수 있는 것 ; 옵션 : 선택 행위 ; 선택 과목
엘리트	선택의 자유, 선택권 ; 선택 ; 선택할 수 있는 것, 선택물
현대	취사 선택 ; 선택권, 선택의 자유 ; 선택 가능물
금성	선택의 자유 ; 임의 ; 선택, 선택권 ; 선택할 수 있는 것
슈프림	취사 선택; 선택권, 선택의 자유; 선택, 취사(取捨)
e4u	선택권, 선택의 자유; 선택할 수 있는 것, 선택지(肢)

에 빠져 있다. 요즘에는 '옵션'이라는 말 그 자체로 많이 쓰이는데, 각종 기기에서 표준 장치 이외에 구매자가 선택할 수 있는 장치를 가리킨다. orphanage를 찾으면 '고아원'만 나오고 '보육원(保育院)'은 없다. '고아원(孤兒院)'은 그 뜻이 좋지 않아 지금은 별로 쓰지 않는 단어이다. 보육원은 고아원을 고친 이름으로 그리스 로마 시대부터 있었으며, 중세에는 교회, 사원, 길드 자선 단체 등에서 설치하여 운영해 지금에 이르는 단체다.

영한사전에서 painter*를 찾으면 '화가', '페인트공', '칠장이' 등의 뜻이 나와 있다. 영한사전은 독해사전인 동시에 번역·통역 사전이다. 번역·통역을 제대로 하려면 가능한 한 많은 어휘가 필요한데, 영한사전들의 어휘는 너무나 빈약한 상황이다. 실제로 우리나라 말에는 이보다 훨씬 다양한 단어들이 쓰인다. 화백(畵伯), 화원(畵員), 화공(畵工), 화사(畵師), 화선(畵仙)(영화 〈취화선(醉畵仙)〉에서처럼), 화성(畵聖), 환쟁이 등등. 같은 화가이면서도 격(格)이 다른 화가들을 표현할 때 사용되는 낱말들이다.

---

* painter

엣센스	화가 ; 페인트공, 칠장이, 도장공
프라임	화가, 화공 ; 페인트공, 도장공, 칠장
엘리트	화가 ; 페인트 가게, 도장공
현대	화가 ; 페인트공, 칠장이, 도장공(塗裝工)
금성	화가 ; 칠장이, 도장공
슈프림	화가; 페인트 칠장이
e4u	화가; 페인트공, 칠장이

land'ing (lǽndiŋ) 【名】
①上陸; 着陸. ③揚.
陸, 揚荷, 揚荷場, 埠頭; (美)=
째드램. ④(階段의)中
休段, 舞蹈場.

landing 3)

†land'ing ('lændiŋ), n. ① 상륙; 착륙 〔비행기
의〕;하차;揚陸. ②상륙장(=landing-place),
부두; 〔저거장쇠〕 운형품. ③【建】층계덤과
우의마무판·혹층갈의틈넘은숙계잭]. ＊land-
ing field 【空】착룩장. ―landing gear 【空】
착룩(水)장치. ―landing party 육전댄.

『新生英韓辭典』(1946)   『新生英韓辭典』(1949)

『엘리트』에는 '페인트 가게' 라는 번역어가 나와 있다. 이 사전은
일본 오분샤(旺文社)의 『Comprehensive English-Japanese
Dictionary』를 바탕으로 삼은 사전인데, 일본 사전에는 'ペンキ(페
인트)屋(야)'로 나와 있지만, 여기서 屋(や)는 '가게'란 뜻이 아니
다. 일본 산세이도(三省堂) 『New Concise English-Japanese
Dictionary』를 보면 'ペンキ屋=painter' 라고 나와 있다. 즉 '페인
트 가게'가 아니라 '페인트 칠하는 사람' 이라는 뜻이다.

이것은 landing(층계참, 일본어로는 踊り場〔오도리바〕)을 '춤추는
곳', 즉 '무용장(舞踊場)'이라고 번역했던 쓰라린 기억을 되살린다
(류형기, 『新生英韓辭典』, 1946). 영영사전에는 landing을 'In a
house or other building, the landing is the area at the top of
the staircase which has rooms leading off it' 이라고 소개하고
있다.

mug shot*은 '(범죄용의자) 수배자 사진' 을 가리키는데, 사전에
나와 있는 번역어만으로는 명쾌하게 의미 전달이 되지 않는다.

pastor의 번역어 가운데, '목회자(牧會者)'란 말도 실제로 많이

사용하고 있는데, 영한사전에는 빠져 있다. 물론 목사(牧師)라는 말이 있지만, 이 단어는 목사와 신자와의 관계를 양치기, 즉 목자(牧者)와 양떼로 보고, 회중(會衆), 즉 양떼를 치는 스승이라는 뜻의 '목회자(牧會者)가 줄어서 된 한역어(漢譯語)이다. 우리나라의 경우, 목사 안수를 받기 전의 전도사 혹은 강도사까지를 목회자라고 한다.

philosopher's stone은 사전을 보면 대개 '현자(賢者)의 돌'로 번역되어 있어, 무슨 뜻인지 감이 잡히지 않는다. 연금술사(鍊金術師)들이 찾던 것이었으므로 '연금술사의 돌'로 번역하는 편이 나을 것이다. 연금술사들은 이 돌을 찾아내기 위해 닥치는 대로 온갖 물질들을 녹이고 끓였다. 여기서 philosopher는 철학자가 아니고 natural philosopher(과학자)이다. 중세 연금술사들(alchemists)은 비금속(非金屬)을 황금으로 변화시키거나 인간의 수명을 연장시키는 힘을 가졌다고 여겨지는 물질을 찾으려고 애썼다. elixir를 philosopher's stone이라고도 말하는데, elixir에는 '(비금속을 황

* **mug shot**

엣센스	얼굴 사진
프라임	얼굴 사진, 상반신 사진
엘리트	(범인의) 인상서(人相書), 얼굴 사진, 찌푸린 얼굴
현대	얼굴 사진
금성	(경찰의) 인상 사진
슈프림	(경찰의) 인상 사진
e4u	((美 속어)) (범인의) 얼굴〔상반신〕 사진

금으로 변하게 하는) 연금약액
(鍊金藥液)', '불노불사(不老
不死)의 영약(靈藥)(=elixir of
life)'이라는 뜻이 있다.

pill에 '정제(錠劑)'라는 번
역어가 나와 있는 사전은 한 권
뿐이다. 요즘 건강 프로에서 자
주 등장한 바 있는 polyp(용
종, 茸腫)은『엣센스』에는 '폴
립'으로만 나와 있다.『프라임』

영화 〈포제션〉 포스터

에는 '점막 비후(肥厚)로 인한 돌기, 용종(茸腫)'으로 나와 있는데,
앞의 정의는 설명이지 적절한 '번역어'는 아니다. 그 외 사전들에는
'용종'이라는 단어가 나와 있지 않다.

2002년 국내에서도 개봉된 〈포제션(Possession)〉은 영국의 권위
있는 부커 문학상을 수상한 A. S. 바이어트(Byatt, 1936~)의 1990
년작 소설을 영화화한 것이다. 그런데 '포제션'은 무슨 뜻인가? 이
소설은『소유』란 제목으로 번역되어 나오긴 했지만 이 소설 혹은 영
화에 알맞은 번역어는 무엇일까?

영문학 박사 롤런드와 영문학 여교수 모드 베일리는 랜돌프 애시
(로버트 브라우닝)와 그의 숨겨진 애인이며 시인인 크리스터벌 래머
트(크리스티나 로제티)의 관계를 추적하던 도중, 자신들도 이 연인

들의 사랑에 홀리게 된다. 그래서 그들에 관해 알아낸 사실을 극비에 부친 채 두 사람 역시 이 두 작가와 같은 사랑을 키워간다. 일종의 빙의(憑依)이다. 이들은 두 작가의 과거 행적을 추적하면서 두 연인들이 당시에 느꼈을지도 모를 감정을 체험하면서 두 연인들을 자신들과 동일시(同一視)하게 된다. 그러므로 이 소설의 제목은 『소유』가 아니라 『홀림』이나 『빙의』여야 할 것이다.

prostate (gland)는 실제로는 '전립샘'으로 쓰고 있는데, 영한사전에서는 모두 '전립선(前立腺)'이라고 나와 있다. 腺(분비샘 선)이라는 한자를 순우리말 '샘'으로 바꾼 것이다. thyroid gland(갑상선, 甲狀腺)도 '갑상샘'으로 고치지 않고, '갑상선'으로 그대로 쓰고 있으니 용어들이 제대로 통일이 되어 있지 않은 셈이다.

Protestantism은 '개신교(改新敎)'란 번역어로 많이 쓰이는데, 16세기 종교개혁의 결과로 로마 가톨릭에서 분리하여 성립된 그리스도교의 한 분파를 가리킨다. 영한사전에는 주로 '신교'로만 나와 있다.

제주도로 신혼여행을 간 부부들이 노란 유채밭을 배경으로 사진을 많이 찍는데, 우리 영한사전은 단 한 권에도 rape (= cole)에 '유채(油菜)' 꽃이라는

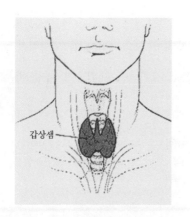

갑상샘

말이 실려 있지 않다. 모든 사전에 '평지'라는 뜻만 실려 있다.

recycle*을 찾으면 '순환 처리하다', '(폐기물) 재생 이용하다', '재생하여 이용하다', '재순환시키다', '~을 재생 이용하다' 등만 나와 있고, 실제로 쓰고 있는 '재활용하다'는 한 사전밖에 없다. 마찬가지로 recycling은 '재(생)이용', '재이용', '재순환(작용)', '재순환 과정'으로 나와 있고 '재활용'은 없다.

sleep에 '주무시다', eat에 '잡수시다', '드시다' 등 경어로 쓰일 때의 번역어가 없다.

smallpox는 '두창(痘瘡)' 혹은 '포창(疱瘡)'이라고도 하며, 속칭 '마마' 또는 '손님'이라고 한다. 예전에는 전염병으로 많은 사망자를 냈으나 종두가 보급되면서 현저히 줄어들었다. '천연두(天然痘)'라고만 나와 있는 사전은 『엣센스』, 『금성』이고, '마마'가 나와 있는 것은 『프라임』, 『엘리트』, 『현대』이며, '두창'이 소개된 사전은 한 권도 없다.

social worker를 찾아보면 모두 '사회사업가'로 나와 있다. 사회사업가라면 우리는 강철왕 앤드루 카네기(1835~1919) 같은 사람을 연상하기 쉽다. 그는 미국에 수많은 도서관들을 세워주고, 뉴욕에

---

* recycle

엣센스	...을 재생 이용하다, 재순환시키다	프라임	재생하여 이용하다, 재순환시키다
엘리트	...을 재생 이용하다, 재순환시키다	현대	...을 재생 이용하다, 재순환시키다
금성	...을 순환처리하다, 재생 이용하다	슈프림	다시 하다, 다시 겪다
e4u	(폐기물)을 재생처리하다, 재활용하다		

거대한 콘서트 홀 '카네기 홀'을 지어주었다. 그런데 social worker는 실제로는 '사회복지사'가 옳은 번역이다.

사회복지사는 1970년 1월 1일 공포된 「사회복지사업법」(법률 제 2191호)에 따라 사회복지사 자격을 딴 사람을 가리킨다. 사회복지 사업법 제5조에 사회복지사의 자격을 살펴보면, '① 보건사회부 장관은 사회복지에 관한 전문 지식과 기술을 가진 자에게 사회복지 사의 자격증을 교부할 수 있다'고 나와 있다.

법률이 제정된 지 33년이 지났는데도 영한사전에 '사회복지사'가 수록되지 않은 것은 무슨 말로도 변명할 수 없을 것이다.

영국 『*Longman Dictionary of English Language and Culture*』에는 social worker를 "a person who is employed in SOCIAL WORK"라고 정의했고, 예문으로 "The police have called social workers in to help the dead man's family."를 들 고 있다.

그렇다면 social work란 무엇인가? 『*Longman Dictionary of English Language and Culture*』에는 "work done by government or private organizations to improve bad social conditions and help people in need"로 나와 있다.

2004년 4월 9일 국립수산과학원은 3월 31일 포항시 구룡포 앞 10 마일 해상에서 향고래 여덟 마리를 발견했다고 밝혔다. 1930년 일 본 포경선이 울산 앞바다에서 다섯 마리를 잡은 지 74년 만이었다.

향고래

그런데 sperm whale을 영한사전에서 찾아보면 모두가 '향유(香油)고래'로 되어 있지 '향고래'라고 표기한 곳은 한 곳도 없다. 여기서 sperm은 '정액'이란 뜻이 아니고, '고래기름'(spermaceti)이란 뜻이다. 향고래는 대형고래로 몸길이는 13~19m, 무게는 최대 57톤에 달하고, 창자 속에서 생기는 방향성 물질이 고급향수의 재료로 쓰이며, 멜빌이 쓴『백경(白鯨, Moby Dick)』에 등장하는 고래이다. 북한에서는 '망향고래'라고 한다.

substitute(substitution)은 스포츠에서 각각 '교체 선수(교체)'라는 용어로 많이 쓰이는데, '대리인(대리)', '보결자(대용)' 등의 어휘만 실려 있다.

tollgate를 TV에서는 '요금소'라는 번역어로 자주 쓰고 있는데, 실제로 사전에는 이 단어가 아직 수록되지 않았으며, '통행료 징수소'나 '통행 요금 징수소' 등만 나와 있다.

translation을 '옮김'이라고 번역하는 경우가 많지만 사전에는 '번역', '해석', '바꾸어 말함', '바꾸어놓음' 등의 뜻만 실려 있다. 실제와 사전이 동떨어져 있는 경우의 하나다.

한동안 문제가 되었던 미군 후방 이동과 미군 철수에 관한 기사에 '인계철선(引繫鐵線, tripwire*)'이란 말이 자주 나오는데, 이는 전선에서 침입하는 적들이 건드리면 폭발물이나 조명탄, 신호탄 등을 터뜨려 적을 살상하거나 침입을 알 수 있게 해주는 철선을 가리킨다. 그러나 영한사전에는 '덫의 철사, 발목에 걸리게 나지막이 친 철사' 등의 의미만 나와 있을 뿐 정작 신문이나 방송에서 많이 쓰이는 어휘는 찾아볼 수 없었다.

필자가 2000년 2월 11일에 조선일보 신년특집 〈영어가 경쟁력이다 ⑦부실한 영한사전〉편에서 volunteer**에 '자원봉사자'라는 번역어가 빠져 있음을 지적했는데도 2002년에 가서야 『프라임』과 『엘

---

* tripwire

엣센스	덫의 철사
프라임	1. 올가미 철사(발목이에 걸리게 친), 2. 〔군사〕 지뢰선(걸리면 폭발하도록 장치한)
엘리트	덫의 철사
현대	트립와이어〔덫ㆍ경보ㆍ폭발물 따위와 연동(連動)〕
금성	트립와이어: 땅에 친 것으로, 여기에 닿으면 덫ㆍ폭탄 등이 작동하는 구조로 되어 있음
슈프림	〔군사〕 발목에 걸리게 나지막이 친 철사
e4u	철사덫(지면에 설치해 두어 이것에 닿으면 폭발 등을 일으킨다)

** volunteer

엣센스	지원자, 유지, 투지가; 지원병, 의용병
프라임	지원자, 독지가, 자원봉사자; 지원병,의용병(2002.1)
엘리트	지원자; 자원봉사자; 독지가; 지원(의용)병(2002.1)
현대	지원자; 지원병, 의용병
금성	지원자, 독지가; 지원병, 의용병
슈프림	지원자, 유지(有志), 독지가; 지원병, 의용병
e4u	지원자, 유지(有志), 독지가; 지원병, 의용병

리트』만 반영되어 있다. 그전에는 volunteer를 찾으면 지금 널리 쓰고 있는 '자원 봉사자'라는 번역어는 안 나오고 '지원자', '독지가', '유지', '지원병', '의용병'만 나온다. 비슷한 예는 수도 없이 많다.

version은 '판본(版本, 板本)'이란 번역어로 자주 쓰이는데, '변형', '이형(異形)' 등의 뜻만 나와 있다.

window dressing은 분식결산(粉飾決算), 분식회계(粉飾會計)라는 뜻인데, 분식결산은 '기업이 부당한 방법으로 그 재정 상태나 경영 실적을 실제보다 지나치게 좋게, 혹은 지나치게 줄여서 결산하는 일'을 가리킨다. 『금성』의 경우 한자(漢字) '粉'이 '紛'으로 잘못 나와 있다. '粉'으로 고쳐야 한다. '분식(粉飾)'이란 '아름답게 보이기 위해 분칠을 하는 겉치장'이라는 뜻이다.

way에 '길', '도로', '통로', '진로'는 있고 '도(道)'는 없다.

wild card는 스포츠 용어로 주최측 지명팀(선수)로 많이 쓰이는데, 사전에는 '자유패', '만능패', '예측할 수 없는 사람'이라는 뜻으로 나와 있다. wild card는 카드 게임에서는 자신이 마음대로 쓸 수 있는 자유패를 뜻하고, 컴퓨터 용어와 스포츠 용어로도 쓰인다. 스포츠 용어로는 어떤 종목에서 출전 자격을 따지 못했지만 특별히 출전이 허용된 '주최측 지명팀(선수)'로 쓰인다.

63쪽에서 미처 다 설명하지 못한, 추가되어야 할 번역어들을 소개하겠다.

	사전에 실려 있는 번역어	추가되어야 할 번역어
ability	능력	재간(才幹)
about	대략, 약	어림잡아
agreeable	마음에 드는	호감이 가는
air cushion vehicle	에어쿠션정, 호버크라프트(Hovercraft)	공기부양정(空氣浮揚艇)
alphabet	자모(字母)	문자(文字), 글자
ambrosia	암브로시아	신찬(神饌)
analyst	분석자	분석가
anorexia	식욕부진증	거식증(拒食症)
annoy	괴롭히다, 귀찮게 굴다	짜증나게 하다
answer	대답, 회답, (응)답, 답사, 해답	답변
anthology	명시선집	사화집(詞華集)
anxiety	불안, 걱정, 염려	시름
aquarium	(유리로 된) 양어수조, 유리상자, 수족관	어항(魚缸)
archer	사수(射手)	궁사(弓士), 궁수(弓手)
ask	물어보다	여쭈어보다
at a premium	프리미엄을 붙여	웃돈을 붙여
at once	즉시	단박에, 대번에

	사전에 실려 있는 번역어	추가되어야 할 번역어
attackman	공격 위치의 선수	공격수
attend	시중들다	모시다
auctioneer	경매인	경매사
bad	나쁜	(날씨) 궂은
badly	대단히, 몹시	절실히
beat	때리다	(두들겨) 패다
belief	신앙	신심(信心)
betray	배반하다	배역(背逆)하다
bind	묶다	결박하다
birthday	생일	생신(生辰), 탄신일
blame	나무라다, 비난하다	탓하다
body	송장, 시신	주검, 시체
bodybuilding	보디빌딩	몸만들기
bond	유대, 연분, 연교	의리
bonus	특별수당	상여금
booze	술을 많이 마시다	과음하다
borrow	빌리다	(돈을) 꾸다, 꾸어 오다
brewery	양조장	술도가, 도가(都家)
brushstroke	(화필의) 필법(筆法)	붓놀림
carefully	주의하여, 조심스럽게	꼼꼼히

	사전에 실려 있는 번역어	추가되어야 할 번역어
castor-oil plant	아주까리	피마자
Caucasian	코카서스인, 카프카스인	백인(白人)
chalk	분필	백묵(白墨)
change-up	투수가 구속(球速)을 바꾸는 일	(야구) 변화구
chaos	혼돈, 무질서	아수라장
cheap	값싼	헐한
civil war	시민전쟁	내란, 내전
clever	영리한	총명한
coat	칠하다	도장(塗裝)하다
cock	수탉	장닭(방언)
complain	불평하다	투정하다
contain	내포하다, 포함하다	함유하다
contemporary	동시대(同時代)의	당대(當代)의
contribution	기부(금)	헌금(獻金)
countless	셀 수 없는, 무수한	오만가지
crane	두루미	학(鶴)
cremation	화장(火葬)	(불교) 다비(茶毘)
crunch	위기, 결정적 시기	중대고비
current	흐름, 조류	물살

	사전에 실려 있는 번역어	추가되어야 할 번역어
cut	자르다	(종이) 오리다, 도려내다
cyst	낭포, 낭종	물혹
dancer	춤추는 사람, 무용가	무용수, 무희(舞姫)
Danube	다뉴브 강	도나우 강
the Dead	죽은 사람들	망자(亡者)
depth	깊은 정도	심도(深度)
desire	욕망, 성욕	욕정
destiny	운명	천명(天命)
diabetes	당뇨병	소갈병(消渴病)
diagnosis	진단	검진
dictionary	사전	자전(字典)
diction	말씨, 용어 선택	조사(措辭)
diet	식이요법, 규정식	절식(節食)
die	죽다	[가톨릭]선종(善終)하다
		별세하다
dim	희미한, 잘 안 보이는	아련한
disclosure	기업내용개시(開示)	기업공개
distinguished	눈에 띄는, 현저한	빼어난
domineering	권력을 휘두르는,	위압적
	오만한, 횡포한	

	사전에 실려 있는 번역어	추가되어야 할 번역어
doubt	의심	의구심
drill ship	(유전 탐사용의) 해저 굴착선, 시추선	원유 시추선
dune	모래언덕	사구(沙丘)
dyspnea	호흡곤란	호흡장애
easy	쉬운	수월한
eat	먹다	(경어) 잡수시다, 드시다
effective	유효한, 효력 있는	주효한
effrontery	뻔뻔스러움, 후안무치	파렴치
embrace	얼싸안다, 껴안다, 포옹하다	부둥켜안다
enlightenment	계발(啓發), 교화, 개명, 계몽운동	깨달음, 반야(般若)
environmentalist	환경(보호)론자, 환경 문제 전문가	환경 운동가
error	실책	범실
Europe	유럽	구주(歐洲)
example	보기, 예, 실례, 예증(例證)	용례(用例)—
expert	숙달자, 달인, 명인	명수(名手)
extra	가외의 것, 여분의 것	덤

	사전에 실려 있는 번역어	추가되어야 할 번역어
extraordinary	비상한, 보통이 아닌	예사롭지 않은
eyeball	눈알, 안구	눈망울
facsimile	복제, 복사, 모사	영인본(影印本)
faint	기절하다	혼절(昏絶)하다
fall	넘어지다	자빠지다, 엎어지다
fault	결점, 과실	허물
fire fighter	소방수	소방관
flatfish	넙치	광어(廣魚)
fleece	탈취하다	사취(詐取)하다
fleet-feeted	발이 빠른	잰발의
fool	바보	등신, 멍청이
gangrene	괴저, 탈저	괴사(壞死)
glowworm	개똥벌레	반딧불이
golden mean (section)	황금분할	황금비(比)
grasp	붙잡다, 움켜쥐다	거머쥐다
grave	무덤	산소(山所)
ground out	내야 땅볼로 아웃되기, 땅볼로 아웃됨	땅볼 아웃
guide	안내자, 길잡이	길라잡이

	사전에 실려 있는 번역어	추가되어야 할 번역어
hair	털, 머리털	모발(毛髮)
hands down	쉽게	수월히
humility	겸손, 비하	겸양(謙讓)
Hun	훈족(族)	흉노(匈奴)
hungry	배고픈	(배가) 출출한
husband	남편	서방
idle	공전하다	공회전하다
immersion	열중, 골몰, 몰두	몰입
in a wink	순식간에	눈 깜짝할 사이에
in writing	쓴, 써 있는, 써서, 서면으로	문서(文書)로
interdisciplinary	다른 분야와 제휴하는, 이분야(異分野) 제휴의 많은 학문 분야와 관련이 있는	학제간(學際間)의
interpreter	통역자, 통역관	통역사, 〔古〕역관(譯官)
inventive	발명의, 발명의 재능이 있는 창의력이 풍부한	창의적인
knowledge	지식, 학식, 인식	식견(識見)
lean	여윈, 깡마른	수척한
lefty	왼손잡이	좌완투수

	사전에 실려 있는 번역어	추가되어야 할 번역어
magnet	자석(磁石)	지남철(指南鐵)
many	많은, 다수의, 여러	숱한, 수두룩한
masterpiece	명작, 걸작	수작(秀作)
middle	한가운데, 중간	(한)복판
Minoan	고대 크레타 섬의 주민	미노스인(人)
minister	장관	정승(政丞)
miss	그리워하다	보고 싶다
mouth	입	주둥이, 아가리
munificent	인색하지 않은, 아낌없이 주는	후한
nark	경찰의 앞잡이, 정보 제공자, 밀고자	끄나풀
natural enemy	천적(天敵)	앙숙(怏宿)
neck	목	모가지
nectar	넥타르	신주(神酒)
needlessly	필요없이	공연스레
nipple	젖꼭지	유두(乳頭)
no	아니, 아뇨	싫어(요)
obstetrician	산과의, 산과 의사	산부인과 의사
obvious	명백한	뻔한

	사전에 실려 있는 번역어	추가되어야 할 번역어
open	(편지 봉투를) 뜯다	개봉하다
opinion	의견, 견해	소견
opponent	적수, 상대	맞수
organ	오르간	풍금(風琴)
ostracism	오스트라시즘	도편(陶片) 추방
partner	상대방, 동료	동반자
partnership	공동 협력, 제휴	동반자 관계
passive smoking	자연 흡연, 간접적 흡연, 간접적 끽연	간접흡연
paten	성체(용 빵) 쟁반, 파테나	성반(聖盤)
penetration	꿰뚫고 들어감	삽입(揷入)
perpetual	영구적	항구적(恒久的)
plausibility	그럴듯함, 그럴싸함	타당성
preference	더 좋아함	선호(選好)
premium	사례금, 프리미엄	웃돈
product	생산품, 제품	소출(所出)
progress	진행	진전(進展), 진척
profit	이익, 수익	이문(利文), 이윤(利潤)
puss	고양이	나비
quickeyed	눈치 빠른, 눈밝은	눈썰미 있는

	사전에 실려 있는 번역어	추가되어야 할 번역어
	눈이 빠른	
quickly	빨리, 속히, 급히	얼른, 잽싸게
Ramadan	라마단	단식월(斷食月)
rape	강간	성폭행, 겁탈, 능욕
reason	이유	곡절
remarriage	재혼	(여자) 재가(再嫁)
reply	답, 대답, 회답 ; 답사	답변
revolting	역하게 만드는	역겨운
righty	오른손잡이	우완투수
ring	반지, 지환(指環)	가락지
ripen	익다	영글다, 여물다
ripe	익은	여문
round	(권투의) 1회	회전(回戰)
run away	~에서 달아나다	뺑소니치다
satisfied	만족한	흡족한
scale	계급, 단계	위계(位階)
scratch	찰상	찰과상(擦過傷)
sex mania	색정광(色情狂), 호색꾼	색골
shameful	수치스런	남사스런
shortcut	지름길	첩경(捷徑)

	사전에 실려 있는 번역어	추가되어야 할 번역어
shutout	완봉 경기, 영봉	완봉승(完封勝)
skin	피부	살갗
slaughter	도살, 대학살	살육(殺戮)
sleepless	잠 못 이룬	밤잠을 설친
slot-machine	슬롯머신, 자동 도박기	빠찡코
smallpox	천연두(天然痘)	마마, 두창(痘瘡)
smart	영리한, 현명한	똑똑한
smell	냄새	내음
son	아들	(높임말) 영식(令息)
sorrowful	슬픈	서글픈
speechless	말을 못하는, 벙어리의	어안이 벙벙한
stair	사다리의 계단	층계
stammering	말을 더듬는	어눌한
stick	막대기	작대기
stop	(비가) 그치다	(비가, 소리가) 멎다
sunset	일몰(日沒)	해거름
suspension bridge	적교(吊橋)	현수교(懸垂橋)
table	테이블	탁자(卓子)
temple	사원(寺院)	절, 사찰

	사전에 실려 있는 번역어	추가되어야 할 번역어
therefore	그러므로	고(故)로
they	그들	저 사람들, 저희
toff	멋 부리는 사람	멋쟁이
toxicology	독물학(毒物學), 중독학(中毒學)	독성학(毒性學)
trigger	일으키다, 시작케 하다	촉발시키다
unharmed	해를 입지 않은, 무사한	성한
unity	통일(성), 일관성, 단일성	일체성(一體性)
untitled	표제가 없는	(그림) 무제(無題)
utterance	입 밖에 냄, 입 밖에 말로 내기	발화(發話)
vending machine	자동판매기	자판기
wall	벽, 담	담장
whore	매춘부, 음탕한 여자	화냥년
wife	처, 아내	마누라
workplace	일터, 작업장	직장
worker	일손, 공원, 근로자	일꾼
wrapper	싸는 사람, 포장 담당원	포장사

비판3 |

장황한 설명으로 이루어진 경우가 많다.

영어 단어에 대한 번역어가 설명으로 되어 있는 경우, 이를 한 단어로 깔끔하게 표현해야 할 때가 종종 있다. 설명으로는 그 단어의 뜻을 알고 텍스트를 대충 이해하는 데는 별 지장이 없지만, 본격적인 번역이나 통역을 할 때 글맛이나 말맛을 제대로 살리기가 어렵기 때문이다.

아름다움을 더하기 위해 여자의 얼굴에 붙이는 실크로 만든 beauty spot*를 '아름답게 오려내고 붙이는 점(patch)' '만들어 붙인 점' 등 설명으로 풀어 써놓는 것보다 '애교점(愛嬌点)'이라고

---

* beauty spot

엣센스	만들어 붙인 점(patch)
프라임	만들어 붙인 점, 애교점(용모가 돋보이도록 뺨 등에 붙이는 검은 천 조각)
엘리트	(멋으로 붙이는) 검은 점, 애교점(patch))
현대	만들어 붙인 점(용모를 돋보이게 하기 위해 뺨에 붙이는 검은 점 따위)
금성	(돋보이려고 볼 등에 붙이는) 검은 조각
슈프림	애교점(patch)
e4u	(멋으로 붙이는) 검은 점, 애교점

하는 것이 적당할 것 같다. bill
hook은 '전지 등에 쓰이는 낫의
일종' (『프라임』), '전지용의 낫의
일종' (『엘리트』)으로 나와 있다.
'전지(剪枝)용 낫'으로 정리하는
것이 깔끔하다. 『엣센스』에는 풀

전지용 낫

을 밀어 깎는 낫이라는 뜻으로 '밀낫'이라고 나와 있다.

exhalation*을 찾으면 '발산', '증발', '숨을 내쉼', '숨을 내쉬
기'로 나와 있고, '날숨'은 빠져 있다. inhalation**은 '들숨'으로
도 많이 쓰이는데, '빨아들이기', '흡입'으로만 나와 있다. 신문에
한 시각장애인이 하모니카 연주 음반을 발매한 기사가 났는데, 그가
"하모니카는 날숨뿐 아니라, 들숨으로도 연주하는 유일한 악기다"
라고 말했다. 여기서 들숨과 날숨은 'inhalation and exhalation'
으로 표현할 수 있다.

interdisciplinary가 '다른 학문분야와 제휴하는', '많은 학문분

* exhalation		** inhalation	
엣센스	숨을 내쉬기;내뿜기;발산, 증발	엣센스	흡입
프라임	발산, 증발, 숨을 내쉼	프라임	흡입
엘리트	(숨을) 토해 내기, 증발, 발산	엘리트	흡입
현대	발산, 증발;숨을 내쉬기, 내뿜음	현대	흡입
금성	내쉬기, 내뿜기, 방출;증발	금성	빨아들이기, 흡입
슈프림	(숨을) 내쉬기, 호기(呼氣)	슈프림	빨아들임, 흡인
e4u	(숨을) 토해 내기;증발;발산	e4u	흡입

야에 관련 있는', '이분야(異分野) 제휴의' 등의 뜻으로 실려 있는데, '학제간(學際間)의, 학제적'이라는 뜻을 추가하면 좋을 것이다.

literacy에 '읽고 쓸 줄 앎', '읽고 쓰는 능력'이라는 번역어가 있지만 명사형인 '읽기 · 쓰기 능력'으로 다듬어보면 어떨까? native speaker〔원어민(原語民)〕를 '(어떤 언어를) 모국어로 쓰는 사람', wannabe는 '극성팬', '열광적(열렬한) 팬'을 나타내는 말인데, '동경하는 것과 같이 되고 싶어하는 사람', '인기 가수 등에 심취하여 무엇이든 그들을 모방함'(『엣센스』)으로 나와 한 단어로 명쾌하게 말하고 싶을 때 조금 곤란해진다.

10년 전에 그리스 역사 전공 교수가 trireme를 어떻게 번역하는 것이 좋으냐는 질문을 했을 때 그 당시에는 제대로 대답을 잘하지 못했지만, 지금은 자신있게 말할 수 있다. 고대 그리스 로마의 배들인 bireme, trireme, quadriereme, quinquereme을 사전에서 찾

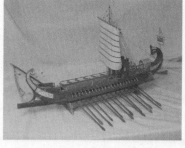
2단노군함

3단노군함

아보면, 번역어로 쓸 만한 것이 없고, 긴 설명만이 있다.

예컨대 bireme*은 '양현에 노가 상하 두 줄로 있는 고대의 갤리선'. 더구나 '군선', '갤리선', '군함', '전함', '배', '노예선'으로 나와 있어 혼란스럽다. 노예들이 노를 젓기는 해도 용도는 군함(war ship)이었다. 하나로 통일하는 것이 번역을 하는 데 큰 도움이 될 것이다. 또한 사전에서는 그 의미를 최대한 간결하고 효과적으로 전달할 수 있어야 한다. 그러므로 〔古 그 · 로〕가 가장 적절한 표기인데, 〔고대 그리스 · 로마의〕, 〔고대 역사〕, 〔古그리스〕, 〔고대로마〕, 〔古史〕 등 다양한 방법으로 표기를 하고 있다. 같은 출판사에서 나온 것인데도 위 단어들의 번역어들이 일관성이 없이 어지럽게 소개되어 있다.

bireme은 '2단노군함', trireme은 '3단노군함', quadriereme은 '4단노군함', quinquereme은 '5단노군함'으로 번역하면 깔끔하다.

헤르메스는 아버지 제우스의 사자(使者)로 날개 달린 모자를 쓰

---

* bireme

엣센스	2단식 노로 젓는 배
프라임	(고대 그리스 로마의) 2단식 노의 갤리선
엘리트	양현에 노가 상하 두 줄 있는 고대의 갤리(galley)선
현대	(아래 위 2단으로 노가 달린) 옛 군함
금성	노 젓는 곳이 상하 2단으로 된 갤리선(galley)
슈프림	노를 젓는 곳이 이층으로 된 갤리배(galley)
e4u	〔해사〕 양현에 노가 상하 두 줄로 있는 고대의 갤리(galley)선

고, 날개 달린 샌들을 신고, 모습을
감춰주는 투구를 쓴 채 바람처럼
이 세상을 돌아다닌다. 또 손에는
두 마리의 뱀이 몸을 감고 있는
Caduceus*라는 지팡이를 가지고
있다. Caduceus는 그리스어로는
케뤼케이온(kerykeion)으로 '전령
(傳令)의 지팡이'란 뜻이다. 아래

카두케우스

사전에 '지팡이' 외의 나머지 설명은 괄호 속에 넣는 것이 좋다.

흔히 사업을 시작할 때 필요한 자금을 seed money**, 곧 '종자

---

* Caduceus

엣센스	Zeus의 사자(使者) Hermes의 지팡이
프라임	신들의 사자(使者)인 Mercury(Hermes)의 지팡이
엘리트	Hermes의 지팡이
현대	신의 사자 Mercury(Hermes)의 지팡이
금성	Hermes의 지팡이
슈프림	Hermes의 지팡이
e4u	Hermes의 지팡이

** seed money

엣센스	(새 사업의) 착수(자)금, 밑천, 종자(種子)돈
프라임	(미) 큰 사업(대모금)의 출발 기금
엘리트	(美) 대사업(대모금)의 출발 기금
현대	(새 사업의) 착수(자)금, 밑천
금성	(美) (신규 사업의) 밑천, 자료
슈프림	(美) (신규 사업의) 밑천, 자료
e4u	(사업의) 밑천, 자본금, 착수금

돈'이라고도 많이 쓰는데, 정작 사전에는 맨뒤에 놓여 있거나 아예 없는 경우가 많다.

persona grata*는 'acceptable person, person that is well liked'의 의미로 '선호 인물(외교관)'을 가리키고, persona non grata는 'unacceptable person, person that is not well liked'의 의미로 '기피 인물(외교관)'이라는 뜻이다. 아래에 사전들에 실린 설명들은 조금 늘어지는 느낌이 든다.

anamorphosis는 '일그러져 보이는 상', '비뚤어진 모양'이란 번역어로는 소개되고 있는데, '왜상(歪像)' 혹은 '왜곡상(歪曲像)'처럼 간결하게 정리할 수도 있다.

설명으로 되어 있는 번역어를 대체할 수 있는 명사형 번역어들의 예를 좀더 살펴보겠다.

---

* persona grata

엣센스	마음에 드는 사람; 〔외교〕 주재국 정부에 평판이 좋은 외교관
프라임	마음에 드는 사람; 〔외교〕 주재국 정부로서 받아들일 수 있는 외교관
엘리트	호감이 가는 인물〔특히 주재국 정부에서 환영받는 외교관〕
현대	〔外交〕 (주재국 정부에게서) 환영받는 인물〔대사 · 공사 등〕;(일반적으로) 호감을 사는 사람, 평이 좋은 사람
금성	호감이 가는 인물; (특히) 주재국 정부에서 받아들여질 수 있는 외교관
슈프림	뜻이 맞는 사람, 마음에 드는 사람;(특히 외교관으로서 주재국의 원수 또는 정부가) 좋아할〔호평받을〕 인물
e4u	호감이 가는 인물(특히 주재국 정부에게 환영받는 외교관)

	설명으로 이루어진 번역어	간결하게 정리한 번역어
All Souls' Day	죽은 신도들의 영원을 위해 미사 드리는 날	위령일
auld lang syne	그립게 상기되는 옛날	그리운 옛날
canonization	성인의 반열에 올림	시성(諡聖)
charioteer	이륜전차를 모는 전사	이륜(二輪)전차〔병거〕마부 (전사)
circulation	예 들어 말함, 완곡한 표현	우회적 표현
coeval	동갑(동년배)인 사람	동갑내기
corpus vile	실험용으로밖에 소용이 없는 무가치한 것	실험 재료감
counterpane	침대의 덮개	침대보
crucifixion	십자가에 못박음	책형(한자 조합, 刑), 십자가형(刑)
day trader	당일 매매만을 하는 초단기 투자가	단타 매매자
diptych	둘로 접힌 그림, 두 쪽으로 된 그림	두폭화(幅畵)
dirt road	포장되지 않은 도로	비포장 도로, 흙길
embargo	(뉴스의) 발표시간 제한	(신문) 보도자제
equalizer	동점이 되는 득점	(축구) 동점골

	설명으로 이루어진 번역어	간결하게 정리한 번역어
eunuch	거세된 남자	고자(鼓子)
exit poll	투표소 출구에서의 여론조사	출구 여론 조사
expatriate	국외로 추방된 (사람),	국외추방자, 국적상실자
	국적을 상실한 (사람)	
extortioner	폭리를 취하는 자	착취자
fornicator	정을 통한 사람	화간자(和姦者), 간음자
goatherd	염소 치는 사람	염소 치기
gush	세차게 흘러나오다	용솟음치다
heartbreaking	애끓는 마음을 자아내는	애달픈
homeless	의지할 데 없는 사람	노숙자(露宿者)
homespun	손으로 짠 직물	수직물(手織物)
	또는 그 비슷한 직물	
hype	과대하게 선전하다	과대선전하다
impunity	형벌을 면하기,	형벌면제
	형(벌, 해, 손실)을 받지 않음	
indigo white	인디고를 환원하여 얻은	백람(白藍)
	무색의 결정 분말	
indiscretion	(남의) 비밀을 누설함	비밀(사생활) 누설
inkling	넌지시 비춤, 희미한 지식	낌새
interactive	서로 작용하는	쌍방향의

	설명으로 이루어진 번역어	간결하게 정리한 번역어
junk bond	위험도 높은 싼 증권	위험증권
keyhole surgery	레이저 광선을 이용한 수술	레이저 광선 수술
Koreana	한국 관계의 문헌	한국학 문헌
manuscript	손으로 쓴 것	필사본(筆寫本)
marriage bed	신혼부부가 인연을 맺는 침대	신혼침대
misfit	(환경에) 부적합한 사람, 환경에 순응(적응) 못하는 사람	낙오자(落伍者)
multipurpose	여러 목적에 쓰이는	다목적(의)
neglect	무시하다, 경시하다	홀대하다
orgasm	격렬한 흥분, 성적 흥분의 최고점	쾌미감(快美感), 절정감
polyp	비후(肥厚)로 인한 돌기	용종(茸腫)
postdoctoral	박사과정 마친 후의 연구자	박사후 연구원
promiscuity	상대를 가리지 않는 성행위	난교(亂交)
rarity	좀처럼 없는 사항, 희귀한 일, 드문 일	희소성(稀少性)
schwa	악센트가 없는 모음,	쭉정모음

	설명으로 이루어진 번역어	간결하게 정리한 번역어
	모호한 모음	
sexual assault	여성에 대한 폭행	성폭행
sexual harassment	성적으로 괴롭히기	성희롱
shepherd	양치는 사람, 목양자(牧羊者)	양치기, 목자(牧者)
sin offering	속죄를 위한 제물	속죄 제물(贖罪祭物)
sitz bath	앉아 하는 목욕	좌욕(坐浴), 반신욕
skip	건너 뛰어 진급하다	월반(越班)하다
sociability	교제하기 좋아함	너울가지(남과 잘 사귀는 솜씨), 사교성, 사교술(社交術), 붙임성
social climber	출세를 노리는 사람	입신출세주의자
standee	서서 가는 승객, 서서 보는 관객	(버스)입석승객, 입석관객
sweetbrier	장미의 일종	찔레
turning point	방향전환 지점	전환점(轉換点)
upstart	갑자기 출세한 사람	졸부(猝富)
visualization	눈에 보이도록 하기, 눈앞에 없는 영상을 마음속에 그리기	가시화(可視化)

한자(漢字) 단어가 한글로만 적혀 있어 의미가 분명하지 않다

우리말의 주요한 단어들 대부분은 한자(漢字)인 경우가 많은데, 영한사전에는 단어들이 거의 한글로만 적혀 있어, 때로는 무슨 뜻인지 구별하기 어려운 경우가 있다. 국회의원 당선자가 선거가 끝난 직후 '誠願에 감사한다'고 적힌 벽보를 길거리에 붙여놓았는데, '誠願'은 '聲援'을 잘못 쓴 것이다. 또한 2001년 4월 1일자 매일경제신문에 실린 〈서울대 신입생 漢字 '까막눈'〉이라는 기사를 보면, 인문대 학장은 "한자를 몰라 교과서를 읽지 못하는 학생이 많아 수업을 제대로 할 수 없을 정도라는 불만이 교수들 사이에 적지 않다"고 말했다고 한다.

2002년 4월 30일자 조선일보에는 '서울대 漢盲 비상'이란 제목으로 01학번 이후 89%가 '國際', '學問' 등도 제대로 못 쓴다는 기사가 실려 있었다. 2004년 4월 10일에는 서울대가 한자어 기초실력을 평가하기 위해 치른 시험에서 1학기 대학국어 수강생 1,280명 중 775명이 50점 미만을 받은 것으로 밝혀졌다.

箭魚

錢魚

허먼 멜빌의 『백경』(Moby Dick)은 그냥 한글 '백경'을 읽으면 무슨 뜻인지 얼른 감이 오지 않는다. 한자 '白鯨'을 알면 그 뜻이 분명해진다. 야구나 축구 경기에서 '5연패' 했다면 다섯 번 졌다는 말인지, 다섯 번 이겼다는 말인지 알 수 없지만, '五連敗', '五連覇'라고 쓰면 그 뜻이 더욱 분명해진다.

'전어'에는 '전어(箭魚, slender shad)'와 '전어(錢魚, dotted gizzard shad)'가 있는데, 한글만으로는 어느 것인지 구별할 수가 없다. 箭魚는 '준치'라고도 하는데, 예로부터 맛이 좋은 생선으로 유명해 '썩어도 준치'라는 속담이 생겨나기도 했다. 錢魚는 『자산어보』에는 '기름이 많고 달콤하다'라고 기록하고 있다.

축하 화환에 世宗大學敎라 쓰고, 출판사 편집부에서 『現代英美時選』, 『英美詩人戰記』로 쓰는 정도의 무지함은 요사이 사람들에게서 흔하게 볼 수 있으니, 우리의 한국어 실력의 깊이는 한심할 정도일 것이다.

심지어 2000년 1월 19일 KBS TV에서는 루이나이웨이(芮乃偉) 9

단과 14세의 조혜련 2단과의 바둑 정상대결에 관한 뉴스를 방영하면서 '반상철녀 代 반상소녀'라는 자막을 내보냈다. 여기서 '반상'은 바둑판을 가리킨다. 그런데 가만 보니 '對'를 '代'로 잘못 쓴 것이다. 2월 27일 EBS TV의 〈테마여행 이집트에 가다〉에서는 第6일을 '弟6일'로, 3월 27일 CTN 세계문학기행 뒤마 피스의 『춘희』(La Dame aux Camélias)편에서는 '椿姬'를 '春姬'로 쓸 정도로 방송 종사자들의 한문 실력도 형편이 없었다.

한자로 적혀 있으면 그 뜻이라도 추측할 수 있지만, 한글로만 적어놓으면 많은 경우 제대로 의미를 알 수가 없다. 2003년 3월 26일자 조선일보에 〈박수근 화백의 '閑日'이 크리스티 경매에서 14억 1000만 원〉에 팔렸다는 기사가 났는데, 여기서 閑日은 '한가한 날'이라는 뜻이다. 한글로 '한일'이라고 쓰면 무슨 뜻인지 단번에 파악하기가 힘들 것이다.

'광개토대왕'과 함께 '廣開土大王'이라고 쓰면 이 왕이 왜 이런 이름을 가지게 되었는지 아는 데 더욱 도움이 될 수 있다. 신문 사설(社說) 제목이 '정도'라면 읽고 나서도 무슨 뜻인지 사전의 '정도' 목록을 뒤져봐야 하지만 '正道'라면 읽자마자 사설의 주제를 파악할 수가 있다. '국화'는 '菊花'인가 '國花'인가? 한글만으로는 알 수가 없다. 『국화와 칼』이라는 제목만 읽어서는 어느 쪽인지 알 수가 없다. 한글로 '지각성 지진'(crust earthquake)이라면 많은 사람들이 '지각(遲刻)하는 지진'으로 여기겠지만 실은, 지구표면의 지진을 뜻하는 地殼性 地震이다.

"일도양단의 조치를 취하라(cut the Gordian Knot)"에서 '일도양단'을 한자로 '一刀兩斷'이라고 쓰면 그 뜻을 좀더 쉽게 알 수 있다. '한 칼로 두 동강이를 낸다'는 뜻으로 일을 과감하게 처리하는 모습을 가리킬 때 쓰인다.

궁사(弓士), 궁사(弓師) 혹은 대가(大家), 대가(代價) 그리고 방화(放火), 방화(防火) 등의 경우도 한글만으로는 뜻을 알기가 어렵다. 제임스 조이스의 단편『사자들』은 영어제목 'The Dead'를 보기 전까지는 사자(獅子)들인지 사자(死者)들인지 아니면 사자(使者)들인지 뜻을 알 길이 없다. 아랍어 '지하드'를 '성전'이라고 번역하는데, 成典, 性典, 盛典, 聖典, 聖殿, 聖戰, 聖傳 중 어느 것일까? 한문으로 '聖戰'을 보면 금세 무슨 뜻인지 알 수 있다.

문학을 전공한 교수라도 노먼 메일러의 전쟁 소설『나자와 사자』를 한글로만 보면 무슨 뜻인지 쉽게 알 수가 없다.『동아 새국어사전』을 찾아보면 '나자'에는 '나자(儺者)'만 실려 있으며, '사자'에는 사자(士子), 사자(死者), 사자(私資), 사자(使者), 사자(師子), 사자(師資), 사자(嗣子), 사자(獅子), 사자(寫字)가 있다. 이중 어느 것이 이 제목의 '사자'일까? 한자나 영어 제목(The Naked and the Dead, 1948)을 보기 전에는 알 도리가 없다. 바로『裸者와 死者』인 것이다.

'좌골신경통'의 뜻과 한자를 잘 알지 못하면 그 반대말을 '우골

신경통'으로 생각할 수 있지만, 우골신경통이란 단어는 없다. 왜냐하면 좌골신경통의 한자는 '坐骨神經痛'이기 때문이다. "마늘은 예로부터 냄새를 빼고 백 가지 이로움이 있다고 하여 '일해백리(一害白利)'라고 불렸다"라고 이야기하면서 정력제로서의 마늘을 대대적으로 광고하는데, 이젠 白과 百도 구별 못하는 한심한 세상이 되어버렸다.

해군(海軍)에는 '이순신함(李純信艦)'이 있다. 이는 충무공 이순신(李舜臣)의 부하장수였던 무의공 이순신(李純信)의 이름을 딴 것이다. 2010년경에는 경항공모함 '이순신함(李舜臣艦)'을 건조할 계획이라는 신문 기사가 났었는데, 한글로만 적으면 사람들은 모두 李純信을 李舜臣으로 여길 것이다.

국어사전을 펼쳐보면 표제어 '사고'라는 단어에 四考, 四苦, 四庫, 四顧, 史庫, 司庫, 死苦, 私考, 私稿, 社告, 事故, 思考, 斜高, 총 열세 가지 한자 단어가 나와 있는데, 한글만 가지고는 한문학자라도 뜻을 알 수 없는 경우가 많다. '이화여자대학교'가 '오얏꽃(李花)여자대학교'인지, '배꽃(梨花)여자대학교'인지 어떻게 알 수 있겠는가?

한자(漢字) 학원 광고(2003년 1월 8일, 중앙일보)에 "안중근 의사는 내과 의사예요?"라는 말이 나온다. 한문을 모르면 실제 이런 질문을 할 수도 있다. 우리는 안중근 선생이 의사(醫師)가 아니고 '의사(義士)'라는 사실을 알고 있다고 여기지만, 안중근이라는 이름이 수백 명일 수 있고, 그 중 의사(醫師)도 얼마든지 있을 수 있다. 즉 한글만으로는 그 단어가 무엇을 뜻하는지 판단하기 어려운 경우가 많다. 한국어 어휘의 70% 이상이 한자어로 되어 있는데, 이 한자 어휘의 90% 이상이 두 가지 이상의 동음이의어(同音異議語, homonym)로 구성되어 있을 뿐만 아니라 키워드들이기 때문에 한자 어휘를 어느 수준까지는 학습할 필요성이 있다.

2002년 3월 1일 조선일보에서 국사편찬위원회가 편찬·배포한 『한국사』의 3·1운동 관련 기술 부분에 오·탈자, 행(行) 전체 탈락 등의 오류가 있는 엉터리 〈독립선언서〉가 실려 있음을 고발했다. 최근의 한자 무지(漢字無知) 현상은 한국 문화가 위기에 처해 있음을 말해주며, 〈독립선언서〉까지 이 꼴인데도 촛불 시위하는 한국인은 광화문에 단 한 명도 없다.

예전에 캐나다 리자이너대 종교학과 오강남 교수의 〈성경의 '외식'이 '外食'?〉(2003년 3월 29일)이라는 글을 재미있게 읽었던 기억이 난다. 한글 전용과 한자(漢字) 사이의 관계의 문제점을 잘 해명한 글이었기 때문이다. 마태복음 6장 5절의 "또 너희가 기도할 때에 외식하는 자와 같이 되지 말라"는 말씀에 독실한 기독교 신자인 어느 할머니는 평생 밖에 나가서 식사를 하지 않았다고 한다. 이 할머니는 '외식(外飾)'을 '외식(外食)'으로 여겼던 것이다. 外飾은 평소 우리가 많이 쓰지 않는 어휘로 외식(外食)으로 잘못 이해할 가능성이 높다.

한자를 잘 모르는 수많은 사람들이 한글로만 적힌 단어를 읽고 이런 실수를 반복하는 것이다. 한국어 단어들은 한자(漢字) 두 자로 구성된 경우가 많고 동음이의어도 자주 생겨난다. 그래서 한글로 표기하면 무슨 뜻인지 구분되지 않는 경우가 많다. 한자(漢字)를 라틴어와 같다고 여기는 사람들이 많은데, 라틴어를 어원(語源)으로 한 영어 단어들은 동음이의어가 거의 없다고 해도 지나친 말이 아니다. 그러니 라틴어 어원 단어들은 독자들에게 혼란을 주지 않는다. '백련사'란 글자를 보면 한글로만 적었을 때는 아무런 이미지가 떠오르지 않지만, 한자로 '白蓮寺'라고 적힌 이름을 보면 마음속에 '하얀 연꽃이 피어오르는 절'의 이미지를 어렴풋이 떠올릴 수가 있다.

영화 〈취화선〉의 뜻이 무엇이냐고 문학 전공 대학원 학생들에게 물었더니 열 명 중 단 한 사람도 아는 사람이 없었다. 한자(漢字)로는 '醉畵仙'인데, 물론 국어 사전에 '취화선'은 표제어로 나와 있지도 않다. '화선(畵仙)'은 '뛰어난 화가'를 신선의 경지에 이르렀다는 뜻으로 쓴다고 나와 있다. 그러면 醉畵仙은 '술에 취한 대화가(大畵家)'란 뜻임을 알 수 있다.

한글로 적는 경우의 또 하나의 문제점은 모음의 장단(長短) 구별이 불분명해진다는 것이다. 아나운서가 構造調整(구조조정)을 救助調整(구:조조정)으로 발음하고, 일기예보에서 전해상(全海上, 전:해상)을 '전해상'으로 짧게 발음하는 오류를 범하고 있다.

스티븐 스필버그 감독의 영화 〈인디애나 존스와 최후의 성전 (Indiana Jones and the Last Crusade, 1989)〉은 영어 제목을 보기 전까지는 '聖殿'인지 '聖戰'인지 한글만으로는 판별하기 어렵다. The Stars and Stripes(Star-Spangled Banner)를 '성조기'라고 하면 무슨 뜻인지 얼른 알 수가 없다. 별과 줄무늬가 있는 깃발이라는 뜻인 '星條旗'를 함께 표기하면 훨씬 이해하기가 쉽다.

실러, 괴테 등이 중심이 되어 18세기 후반에 일어났던 독일 낭만주의 문학운동을 '질풍과 노도'라고 하는데, 한글로만 읽어서는 '노도'가 무엇을 뜻하는지 이해하기 어렵다. 그러나 여기에 성난듯 거칠게 이는 물결을 뜻하는 '怒濤'를 적어주면 훨씬 도움이 된다. 한자를 알면 '怒濤'를 읽자마자 '노한(성난) 파도'라는 뜻임을 알 수 있다. 독일어로는 Sturm und Drang(영어로는 Storm and Stress), Drang의 뜻은 네 가지가 있지만, 여기에 어울리는 것은 '억누를 수 없는 마음속 충돌(갈망, 열망)'이라 할 수 있다.

〈성의〉 포스터

로이드 C. 더글러스의 소설을 영화화한 〈성의(The Robe)〉는 한글 제목만 읽어서는 무슨 뜻인지 얼른 들어오지 않는다. 더군다나 한자를 모르는 세대에겐. 예수의 십자가 처형을 맡았던 백인대장(百人隊長, centurion) 마르셀루스(리처드 버튼)는 죄의식에 시달리다가 십자가에서 처형당하기 직전에 예수가 벗었던 성의(聖衣)를 찾으려 한다. 기독교도들을 찾아나섰다가 노예인 데미트리우스(빅터 머추어)를 만나 성의(聖衣)를 만지는 순간 예수 추종자로 변한다. 해당 한자를 함께 써주었으면 훨씬 이해하기가 쉬웠을 것이다.

oligo는 그리스어로 few, little이란 뜻으로, oligarchy는 '과두정치(寡頭政治), 즉 '소수 독재 정치'를 가리킨다. 올리고당을 '과당'이라고 하면 果糖을 연상하기 쉽지만 실은 寡糖 혹은 少糖이다. 『국어대사전』(이희승편)에는 과당을 '포도당이나 과당(果糖) 등의 단당(單糖)이 2-10개 결합한 당(糖). 자연적으로 존재하지만, 녹말, 설탕 등에서 효소를 작용시켜서 만들 수 있음. 감미료로 쓰임. 소당(少糖). 소당류(少糖類)'라고 설명하고 있다.

독일어가 어원인 sitz bath*는 '반신욕(半身浴)'이라는 뜻으로 번역되어 많이 쓰이는 말이다. 『엣센스』, 『엘리트』, 『금성』, 『e4u』 같

---

* sitz bath(G. Sitzbad=sitting bath)

엣센스	허리 · 엉덩이 부분만 하는 목욕(통), 좌욕(座浴)
프라임	앉아서 하는 목욕, 좌욕(hip bath); 좌욕조
엘리트	좌욕(座浴); 그 욕조(浴槽)
현대	(치료 목적의) 좌욕(座浴)(hip bath), 그 욕조
금성	좌욕통, 좌욕(座浴)
슈프림	없음
e4u	좌욕(座浴), 욕조(浴槽)

은 사전들에는 '반신욕'은 없고, '坐浴'을 '座浴'으로 틀리게 적을
만큼 한국은 한자 문맹(文盲)의 위기에 처해 있다. 그러나 한자(漢
字) 교육은 시험만 치면 끝인 언어 환경에서는 별로 효과가 없다.
신문, 텔레비전, 잡지, 인터넷 등에서 의미를 구별하는 데 꼭 필요
한 한자는 자주 접해볼 수 있는 문화적 환경을 갖춰야 할 것이다.

번역어의 우선순위가 적절하지 않다

사전에 나오는 여러 가지 정의 가운데 실제로 더 자주 쓰는 번역어가 먼저 나와야 한다. 일반적으로 사전을 펼쳐 단어의 정의를 살펴볼 때 가장 먼저 나오는 의미를 많이 쓰게 되므로, 단어 정의의 배치에도 신경을 써야 한다. 또한 사용 빈도 순서로 배열하여 어의(語義) 검색의 효율화를 지향해야 한다.

『나는 고백한다, 현대의학을』(아툴 가완디, 2003)의 원제는 『*Complications**(합병증)』이다. 그런데 영한사전에는 어떻게 나와 있는가. 거의 쓰이지 않는 '여병', '병발증'이 가장 흔히 쓰는 '합병증' 앞에 나와 있는 경우가 많다. 일본의 오분샤(旺文社) 사전을 모

---

* complication

엣센스	여병(餘病), 병발증, 합병증
프라임	여병(餘病), 병발증, 합병증
엘리트	합병증, 병발증
현대	여병〔餘病〕의 병발, 병발증, 합병증
금성	합병증
슈프림	(다른 병)의 병발(竝發); 병발증
e4u	병발: (~s) 합병증

온돌

델로 한 『엘리트』, 그리고 『금성』에만 '합병증' 이 앞에 나와 있고, 최근에 나온 『슈프림』에는 '합병증' 이 아예 빠져 있다.

'표제어(標題語)' 를 가리키는 단어인 entry도 사전에서 찾아보면 정작 '표제어' 라는 의미는 뒷전에 놓여 있고, '수록어', '견출어' 등이 먼저 와 있다. 마찬가지로 hernia는 '헤르니아', '탈장' (『엣센스』)보다는 '탈장(脫腸)', '헤르니아' 의 순서가 더 바람직하다.

영어에도 온돌을 가리키는 hypocaust*라는 단어가 있는데, 그

---

* hypocaust

엣센스	〔古로〕 마루밑 난방장치, 온돌
프라임	〔옛로마〕 마루밑 난방, 온돌
엘리트	〔고대 로마의〕 방바닥밑(벽속)의 난방
현대	〔古로〕 마루밑 난방장치, 온돌
금성	〔고대 로마의〕 마루밑 난방, 온돌
슈프림	〔고대 로마의〕 마루밑 난방, 온돌
e4u	〔고대 로마의〕 방바닥밑 난방

어원은 라틴어 *hypocaustum*(〈 Gk. *hupokausto* (room) heated below)에서 나온 것으로, 고대 로마에서 이미 사용했으며, 영국에 있는 하드리아누스 방벽(防壁, Hadrian's Wall) 근처에도 그 유적이 남아 있다. 이때도 '온돌'을 맨앞에 두어야 한다.

land*라는 단어의 경우 지금은 '뭍'이란 말은 거의 쓰이지 않고 있으니 이 단어보다는 '육지'가 먼저 나와 있어야 한다.

ovum은 '정자'와 대립되는 단어이므로 '알'보다는 '난자(卵子)'를 먼저 쓰는 편이 나은데도 아직도 '알'이 먼저 수록되어 있다. sperm**은 50여 년 전에는 '정충(精蟲)'이란 번역어를 많이 썼지만 지금은 정자(精子)라는 말을 많이 쓰므로 이 단어를 먼저 배치해야 한다.

Octopus는 '문어'인가, '낙지'인가? 영한사전을 보면 그 우선 순서가 섞여 나와 헷갈린다. Octopus는 그리스어 *octo*(eight)+ *pous*(foot)에서 나온 단어로, '다리가 여덟 개 달린 동물(八脚類動物)'이란 뜻이다. 낙지나 문어(文魚)가 다리가 여덟 개인 점은 같으

---

* land			** sperm	
엣센스	뭍, 육지		엣센스	정자
프라임	뭍, 육지		프라임	정충, 정자
엘리트	뭍, 육지, 토지, 땅, 지면, 토양, 나라, 국토...		엘리트	정자
현대	땅, 육지, 토지, 지면, 나라, 국토		현대	정충, 정자
금성	땅, 지면, 뭍, 육지, 토지, 나라		금성	정액, 정자
슈프림	땅, 육지; 나라, 국토		슈프림	정충, 정자
e4u	뭍, 육지; 묘지; 땅; 나라, 국토; 영토		e4u	정충, 정자

나, 영영사전에는 Octopus에 문어가 그려져 있다.

문어가 그려진 고대 그리스 도자기

penis도 '음경(陰莖)' 보다는 '남근(男根)' 이 가장 많이 쓰이는 번역어이므로 제일 먼저 나오는 것이 좋다.

매스컴에서 거의 매일 쓰다시피 하는 Ruling party*가 표제어에 없는 영한사전들이 있고, Opposition에는 거의 쓰지 않는 '반대당' 이란 의미가 실제로 많이 쓰는 '야당' 보다 먼저 나와 있다. 그때그때자주 사용되는 시사 용어들은 순발력있게 수록해야 할 것이다.

North Korean Nuclear Standoff(북한 핵 교착상태)에서 standoff**의 번역어가 실려 있지 않거나 번역어의 어순을 조정할 필요가 있는 사전이 있다. 시사 용어로 많이 쓰이는 '교착상태(膠着狀態)' 가 '막다름' 이나 '막힘, 꽉 막힘' 보다 더 많이 쓰인다.

*	ruling party	opposition
엣센스	없음	(the O-) 반대당, 야당, 반대파
프라임	없음	반대당, 야당
엘리트	여당	(the O-) 반대당, 야당
현대	여당, 집권당	(the O-) 반대당, 야당
금성	없음	(종종 O-) 반대당, 야당
슈프림	없음	반대당, 〔某〕 야당
e4u	여당	(여당에 대한) 반대당, 야당

thought transference*라는 어휘도 사전에서 찾아보면 '직각적 사고 전달' 혹은 '정신 감응' 등의 뜻이 있지만 '이심전심', '텔레파시' 쪽이 훨씬 많이 쓰인다. '이심전심(以心傳心)'이 맨 먼저 나와 있어야 하지 않을까?

Wallposter(大字報)도 영한사전에는 '벽신문, 대자보'로 나와 있는데, 거의 쓰지 않는 '벽신문'은 정리하는 것이 좋을 것 같다.

* standoff

엣센스	막다름, 교착상태
프라임	막힘, 막다름 ; 교착상태
엘리트	없음
현대	없음
금성	막다름, 교착 상태
슈프림	(美) 막다름, 교착상태(deadlock)
e4u	(美) 꽉 막힘, 교착[정돈]상태(deadlock)

* thought transference

엣센스	직각(直覺)적 사고 전달, 이심전심, (특히) =telepathy
프라임	직각(直覺)적 사고(思考) 전달, 이심전심[말·동작·표정 등을 쓰지 않고 사상을 남에게 전달하는 일 ; (특히) =telepathy]
엘리트	정신 감응, 천리안(千里眼)
현대	직각(直覺)적 사고 전달, 이심전심 ; ((특히)) =telepathy
금성	없음
슈프림	이심전심, 텔레파시
e4u	사고 전달, 텔레파시

중요한 단어들이 표제어에 빠져 있다

사전을 펴내는 출판사들은 매년 새학기가 되면 자신들의 사전은 최신 단어를 수록하고 있다고 광고를 하지만 사실 그렇지 못한 경우가 많다. 또한 최신 단어가 아닌 것 중에서도 중요한 단어들이 많이 누락되어 있는 모습을 볼 수 있다.

인도의 도시 이름인 Bombay를 '뭄바이(Mumbai)'로 고치도록 인도 정부는 1994년부터 수정 요청을 해와, 1997년에 한국 정부는 '뭄바이'로 수정 표기하겠다고 했지만, 이를 고친 사전은 『현대』와 『e4u』뿐이다. 뭄바이에 이어 인도 제2의 무역항인 Calcutta도 1999년 7월부터 콜카타(Kolkata)로 표기하는 것으로 아는데, 아직 어느 영한사전에도 표제어에 나와 있지 않다.

카오스이론을 이야기할 때 가장 먼저 나오는 butterfly effect(나비 효과)란 말이 『e4u』사전에만 나와 있고 다른 사전에는 아직 실려 있지 않다. 나비효과는 나비의 날개짓으로 인한 작은 공기의 흐름이 태풍이라는 거대한 대기의 흐름을 만들듯이 작은 변화가 큰 차

다비드상

이를 만들 수도 있다는 이론이다. '초기 조건에 대한 민감한 의존성'을 표현한 것이다.

후기 르네상스 회화·조각에서 인체의 정중선(正中線)이 약간 S자 모양을 그리고, 허리·어깨·머리가 다른 방향으로 향한 포즈를 가리키는 contraposto(콘트라포스토)는 미술에서 중요한 개념인데, 표제어에 빠져 있다. 미켈란젤로의 『다비드상(像)』을 보라. 그는 콘트라포스토의 대가(大家)였다.

여성용 하이힐 court shoes와 high heels*가 표제어에서 많이 빠져 있다. 실제 생활에서 여성들이 가장 많이 신는 구두가 영한사전

*	〔英〕court shoes	〔美〕high heels
엣센스	없음	없음, high heeled만 있음
프라임	(영) 코트 슈 (끈이 없는 중간 높이의 여성용 힐)	굽 높은 구두, 하이힐
엘리트	없음	없음
현대	없음	없음, high heeled만 있음
금성	없음	없음
슈프림	코트 슈 (끈이 없는 중간 높이의 여성용 힐)	굽 높은 구두, 하이힐
e4u	=pumps(보통~s)	하이힐(heels)

에 없다니. 'high heeled'라는 형용사가 있는 두 사전이 눈에 띈다. 다양한 형태의 하이힐이 생겨나기 전 17세기 프랑스에서 최초의 하이힐이 생겨났다. 화장실이 따로 없던 시절, 오물을 바깥으로 내던져 처리를 했다고 하는데, 길을 걷는 사람들은 잘못하면 오물 세례를 받거나 치맛자락에 오물을 묻히기 십상이었다. 그래서 사람들은 오물을 묻히지 않기 위해 땅을 가려 밟으려고 하이힐을 신기 시작했다고 한다.

dirty bomb은 우라늄이나 플루토늄 대신에 의료용, 연구용의 저준위 동위원소를 사용하여 만드는 폭탄으로, 테러리스트들이 손쉽게 조제할 수 있다. 얼마전 신문에 러시아의 노숙자들이 우라늄 238이 든 컨테이너 두 개를 고물상에 팔려다 잡혔다는 기사가 실렸는데, 만약 재래식 폭탄에 이 우라늄 238을 넣을 경우, 심각한 방사능 오염을 일으키는 더티 밤(더러운 폭탄)이 될 소지가 있다고 밝혔다. 현재『e4u』에만 '오염폭탄'으로 실려 있다.

1999년 11월 11일 미국 내셔널 지오그래픽 소사이어티는 에베레스트산(Everest)*의 높이가 지금까지 우리가 알고 있었던 것보다

---

* Everest

엣센스	8,850m	프라임	8,848m
엘리트	8,848m	현대	8,848m
금성	8,848m	슈프림	에베레스트(히말라야 산맥에 있는 세계 최고봉)
e4u	8,850m		

2m 더 높은 8,850m라고 밝혔다. 그런데 2002년 현재 『엣센스』와 『e4u』를 빼놓고는 고치지 않았거나 높이를 밝히지 않고 있다.

'자유 무역 협정'을 뜻하는 FTA(Free Trade Agreement)가 표제어로 나와 있는 영한사전은 『e4u』뿐이다.

런던아이

런던 템즈강변에 세워진 초대형 원형 회전식 관람차로 런던의 관광명소라 할 수 있는 London Eye도 표제어에서 빠져 있다. 135m 높이의 '런던 아이'는 세계에서 가장 높은 전망회전차(observation wheel)로, 32개의 캡슐이 있으며, 화창한 날에는 25마일 떨어진 윈저성을 볼 수가 있다.

New Man은 신남성(新男性), 즉 남자에게 주어진 기성 가치관의 틀을 벗어나, 여자가 해왔던 요리·육아 등에 적극적으로 나서는 남성을 뜻한다. 하지만 이 단어가 수록되어 있는 사전은 하나도 없고, 『엣센스』에는 new man을 '신인, 신임자, 딴사람, 기독교로의 개종자'로만 소개하고 있다.

얼마전 팔레스타인 자치정부 수반인 아라파트가 사망했는데,

Palestinian Authority(팔레스타인 자치 정부)가 표제어로 나와 있는 영한사전은 하나도 없다. 팔레스타인 지역은 서기 135년경 이곳에 거주하던 유대인들이 로마에 의해 추방된 후 아랍인들이 통치해왔다. 그러나 19세기 후반 유럽에서 반유대인 운동이 전개되고 그에 대응하여 유대인들이 '조국의 건설'을 목표로 민족주의 운동을 확산시켜 나가면서부터 이 지역의 수난은 시작되었다고 볼 수 있다.

political correctness는 '정치적 공정성(公正性)'이라는 뜻으로, 종래의 유럽, 미국의 전통적 가치관이나 문화가 서구, 백인, 남성 우위인 것을 반성하여 여성이나 아시아계, 아프리카계, 라틴 아메리카계 등의 주민, 미국 인디언, 동성연애자 등 사회적 소수파의 문화, 권리, 감정을 공정히 존중하고, 그들을 상처 주는 언동을 배제하려하는 것이다. 『프라임』, 『현대』, 『금성』에는 이 표제어가 빠져 있다.

최근에 유행하는 스포츠인 '래프팅(rafting*)'이 표제어에도 나와 있지 않은 사전이 무려 다섯 개나 된다. 더구나 나머지 사전에서도

---

* rafting

엣센스	(스포츠로서의) 뗏목타기, 고무보트로 계류(溪流) 내려가기
프라임	없음. raft : 뗏목으로 가다, 뗏목으로 건너다
엘리트	없음. raft : ―을 뗏목으로 나르다
현대	없음. raft : 뗏목으로 나르다; (강물을) 뗏목으로 건너다
금성	없음. raft : 뗏목으로 가다, 뗏목을 타고 가다
슈프림	없음. raft : 뗏목을 타고 가다, 뗏목을 사용하다
e4u	(스포츠로서의) 뗏목타기, 래프팅

Timeline: 1501 BC to 480 BC

GREECE	NEAR EAST AND NORTH AFRICA	EUROPE AND THE MEDITERRANEAN	CULTURE AND TECHNOLOGY
c. 1450 First destruction of Minoan Crete			
c. 1200 Collapse of Mycenaean civilization. Second destruction of Minoan Crete.	c. 1200 Collapse of Hittite empire. Jewish exodus from Egypt	c. 1200 "Sea People" active in Mediterranean	
	1151 Death of Pharaoh Ramesses III		
	1100 Spread of Phoenicians in Mediterranean		c. 1100 Development of alphabetic script by the Phoenicians
		1000 Hillforts in western Europe	1000 Establishment of iron industry in the Aegean
900 End of Greek Dark Age and beginning of Geometric period	c. 900 Assyrian expansion begins	850 First settlement at Rome	c. 9th C Homer active
	814 Foundation of Carthage by Phoenicians	800 Establishment of Celtic Iron Age culture (Hallstatt). Rise of Etruscan city-states	8th C Hesiod active
			776 First Olympic Games held in Greece
		753 (trad) Romulus founds Rome	

타임라인

'뗏목타기'로 나와 있으니 시대착오적이라 할 수 있다.

　케이블 TV 중 〈히스토리 채널〉을 보다 보면 timeline*이 나와 그 당시 다른 나라, 예컨대 모세에 관한 다큐멘터리인 경우 이집트에서는 어떤 일이 있었는지 대조연표가 나온다. 그런데 영한사전에는 모두 '우주 비행중의 스케줄(시간표)'이라고 나와 있으니 무슨 뜻인지 알 수 없다. timeline은 '(어떤 시대에 관한) 역사연표(歷史年表), 대조연표(對照年表)', '예정표, 스케줄표'이다.

　timeline은 『*American Heritage Dictionary*』, 『*Oxford English*

* timeline

엣센스	우주 비행중의 스케줄	프라임	우주 비행중의 스케줄
엘리트	없음	현대	우주 비행중의 시간표
금성	없음	슈프림	없음
e4u	(분, 초까지 정밀하게 예정된)		

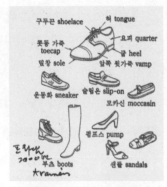

『프라임』에 소개된 다양한 신발들의 그림. trainer는 빠져 있다.

『*Longman Dictionary of English Language & Culture*』에 실린 다양한 신발들의 그림

Reference Dictionary』, 『*Longman Dictionary of English Language and Culture*』에도 표제어로 나와 있지 않다. 그러나 일본 *Grand Concise English-Japanese Dictionary*에는 '(중요한 사건에 관한) 역사연표, 스케줄(시각)표' 라고 나와 있다.

trainers는 '운동화' (*pl.* training shoes)를 가리키는데, 두 영한사전에만 실려 있다.

World Heritage Site (세계 유산 등록지)가 표제어로 나와 있는 사전은 『엣센스』밖에 없다. 유네스코가 지정하는 World Heritage Site는 문화유산과 자연유산 모두를 포함한다.

배구시합에서 자주 보는 '리베로'가 표제어로 나온 사전은 한 권도 없다. 이탈리아어 *battiore libero*(free defender)의 줄임말인 libero는 '배구에서 (사전에) 등록된 공격에 참가할 수 없는 수비 전문 선수'를 가리킨다. 2004년『프라임』에는 축구 용어로서의 리베로만 나와 있다. NBA에서 마이클 조던의 시카고 불스가 1988년 3회 연속 챔피언십을 차지하면서 생겨난 신조어 three-peat(三連勝)가『엣센스』와 2004년판『프라임』에만 표제어로 나와 있다. three-peat는 three repeat에서 생겨난 말이다.

일본의 기모노(着物)를 나타내는 Kimono가『e4u』를 제외한 모든 영한사전에서 빠져 있다.『*Oxford Advanced Learner's Dictionary*』에는 Kimono를 '(a) long loose Japanese robe with wide sleeves, worn with a sash, (b) dressing gown resembling this'라고 설명하고 있다.『엣센스』에는 sumo(相撲), sushi(鮨)도 빠져 있다.

괴기적(怪奇的)·악마적 환상화(幻想畵)를 그렸던 네덜란드 화가 보슈(Bosch)의 이름이 일곱 사전 중 다섯 권에서 빠져 있고, 한 사전은 발음표기가 아예 없다. 그러니 번역가나 일반 독자들은 어떻게 발음하고 표기해야 할지 알 수가 없다. 이외에도 영국사에 중요한 인물로, 엘리자베스 I세의 어머니이며, 영화 〈천일(千日)의 앤〉에 등장하는 앤 불린(Anne Boleyn)이 빠져 있으며, 헨리 8세, 그리고 로마의 하드리아누스 황제가 건설한 영국 중부에 있는 하드리아누스 방벽(Hadrian' s Wall), 르네상스 시대 화가들의 전기를 썼던 건축가이자 미술사가인 바자리(Vasari, 1511~74)도 표제어에 누락되어 있다. 앞으로도 특히 용어 및 학술 용어 분야의 어휘들이 제대로 사전에 실리고 있는지 꼼꼼하게 점검해야 할 필요가 있다.

내용상 오류 및 오자가 있다

만약 사전이 오류가 있는 내용을 담고 있다면 수많은 사람들이 잘
못된 정보를 그대로 사실로 믿을 위험이 있다. 또 어떤 단어가 사전
마다 다르게 번역되어 있거나 다르게 발음표기가 되어 있으면 독자
들은 어떤 것을 기준으로 써야 하는지 혼란에 빠진다.

1) 틀린 것

예전에 우리나라를 가리킬 때 자주 인용되었던 The Land of
Morning Calm(고요한 아침의 나라)을 처음으로 사용한 사람은 누구
일까? 미국인 윌리엄 엘리어트 그리피스*(William Elliot Griffis, 1843
~1928)가 지은 『隱者의 나라 韓國』(Corea, the Hermit Nation,

---

* 미국인 저술가이자 동양학자, 목사. 1870년 일본으로 와서 1872년에 동경제국대학 물리학·화학
교수로 있으면서 일본 연구에 몰두하다가 1874년 귀국하여 목사로 활동했다. 일본역사를 바르게
알려면 한국역사를 알아야 함을 깨닫고 1900년 왕립아시아학회 한국분회 명예회원이 되었다. 저
서로는 『은둔의 나라 조선』(Corea, the Hermit Nation) 외에 『황국(皇國)』(The Mikado's
Empire, 1876)을 비롯하여 일본에 관한 저서와 전기 등을 저술하였다.

544pp. 1882) 초판 서문을 보자.

"내가 이 책을 쓰는 것은 그네들이 자칭하는 소위 '고요한 아침의 나라'의 역사를 기원전부터 오늘에 이르기까지 개술(槪述)해 보고 자 하는 것이다."

—신복룡 번역(탐구신서 38) I. p. 18

My purpose in this work is to give an outline of the history of the Land of Morning Calm—as the natives call their country—from before the Christian era to the present year.

대한제국(大韓帝國)은 조선 고종 34년(1897)에서 1910년의 국권 침탈까지의 우리나라 국호이므로, 이 책이 간행된 1882년은 이씨 조선조에 해당된다. 그러므로 책제목은 『隱者의 나라 朝鮮』으로 번 역되어야 할 것이다.

조선(朝鮮)은 상고(上古) 때부터 사용했던 우리나라 이름으로, 이 씨조선(李氏 朝鮮[李朝])이 일제(日帝)에 의해 무너지기까지(1900) 를 가리키지만, 북한에서는 1945년 이후에도 계속 朝鮮을 사용하고 있다. 그래서 Korea를 『영조대사전』에서 찾아보면 '한국(韓國)'으 로 되어 있지 않고 '朝鮮'으로 되어 있다. 일본 겐큐사의 『新英和大 辭典』에는 지금도 Korea에 '朝鮮'만 실려 있고 '韓國'은 빠져 있

COREA

THE HERMIT NATION

I.—ANCIENT AND MEDIEVAL HISTORY
II.—POLITICAL AND SOCIAL COREA
III.—MODERN AND RECENT HISTORY

BY

WILLIAM ELLIOT GRIFFIS
FORMERLY OF THE IMPERIAL UNIVERSITY OF TOKIO, JAPAN
AUTHOR OF "THE MIKADO'S EMPIRE"

EIGHTH EDITION, REVISED AND ENLARGED
WITH THE MAP AND HISTORY TO 1907

NEW YORK
CHARLES SCRIBNER'S SONS
1907

W. E. 그리피스가 지은
『Corea, The Hermit Nation』 속표지

다. Korean은 '朝鮮人'(조센징), Korean War는 '朝鮮 戰爭', Korean Strait는 '朝鮮 海峽'으로 쓰이는 셈이다.

The Land of Morning Calm이 『프라임』, 『슈프림』, 『e4u』에는 The Land of the Morning Calm으로 잘못 나와 있는데, 그것은 일본이 저지른 실수에서 비롯된 것으로 여겨진다. 일본에서 간행된 『英米故事傳說辭典』(1963, 富山房)에는 the Land of the Morning Calm으로 잘못 되어 있을 뿐만 아니라, 동양학자이자 목사인 미국의 William Elliot Griffis가 아일랜드 정치가인 Arthur Griffith로 잘못 적혀 있다. 왜 the가 붙었을까? 일본인들은 자신들의 나라를 the Land of the Rising Sun이라고 말하기 때문에 원문을 제대로

확인해 보지도 않고 무심코 the를 붙인 것으로 여겨진다.

> **Korea** ((地)) 朝鮮. 高麗(こうらい)の轉化したもの. なお,
> Chosen (朝鮮)ももとは 'the land of the morning calm' (鮮(あ
> ざや)かな朝の地)を意味する.((Von Engeln & Urquhart)). 日本
> を 'the Land of the Rising Sun' (日の出の國) と呼ぶように, 朝鮮
> を the Land of the Morning Calmと呼ぶこともある. このように
> 呼ぶのは語源的にも正しい. これをはじめて用いたのは, アイルラ
> ンドの政治的指導者で, 親日家であつた Arthur Griffith(1872-
> 1922)であるといわれている.(『英米故事傳說辭典』, p.358)

> **Korea** ((地)) 朝鮮. 高麗(코우라이)가 轉化한 것. 또 朝鮮도 원래
> 는 'the land of the morning calm' (밝은 아침의 땅)을 의미한다
> ((Von Engeln & Urquhart)). 日本을 'the Land of the Rising
> Sun' (해기 뜨는 나라)이라고 부르듯이, 朝鮮을 the Land of the
> Morning Calm이라고 부르기도 한다. 이렇게 부르는 것은 어원적
> 으로도 옳다. 이것을 처음으로 사용한 것은, 아일랜드의 정치적 지
> 도자로 親日家였던 Arthur Griffith(1872-1922)라고 전해진
> 다.(p.358)

『엣센스』, 『엘리트』, 『현대』, 『금성』에는 The Land of Morning

Calm이 표제어에 들어 있지 않다.

한국에서는 대부분 Old English*(=Anglo-Saxon)를 '고대 영어', Middle English를 '중세 영어'라고 번역하는데, 서양사에서 고대는 기원전 500년에서 로마제국이 멸망하는 서기 500년경까지이고, 중세(Middle Ages)는 서기 500년에서 1350년, 즉 로마제국 멸망에서 르네상스까지를 가리킨다. 그러므로 앵글로색슨 문학은 분명히 역사적으로 중세에 속한다.

『Oxford Anthology of English Literature』와 『Norton Anthology of English Literature』에도 중세문학에 Old English문학과 Middle English 문학이 수록되어 있다. Middle English의 Middle은 Middle Ages의 Middle을 가리키는 것이 아니라, Old English와 Modern English '사이'라는 뜻이다. 즉 Middle Ages English가 아니고 Middle English임에 주목할 필요가 있다. Old English와 Middle English가 모두 서양의 시대 구분으로는 중세에 속한다. 그러므로 Old English는 古(期)英語, Middle English는 中(期)英

*	Old English	Middle English
엣센스	고대영어	중세영어
프라임	고(기)영어, 고대영어	중세(중기)영어
엘리트	고대영어	중세영어
현대	고대영어	중세영어
금성	고대영어	중세영어
슈프림	고대영어, 앵글로색슨 말	중세영어
e4u	고대영어, 앵글로색슨 말	중세영어

語, Modern English는 近代英語로 번역하는 것이 옳다.

참고로 영어의 시대 구분을 정리하면 다음과 같다.

Old English(＝Anglo-Saxon, 古(期)英語)　　　700～1150

Middle English(中期英語)　　　　　　　　　1150～1500

Modern English(近代英語)　　　　　　　　　1500～

따라서 엘리자베스 1세(1558～1603)나 셰익스피어(1564～1616)
시대의 영어는 근대영어에 해당된다.

Orpheus*(오르페우스)가 연주한 악기는 과연 lyre인가 harp인
가? J. E. 짐머먼의 『*Dictionary of Classical Mythology*』에는 lyre
로 나와 있다. 이 사전에는 **Orpheus**가 'Son of Apollo and
Calliope. Husband of EURYDICE, q.v. A masterful player on
the lyre which Apollo (some say Hermes) gave him.' 라고 실려
있는데, 오르페우스는 서사시의 시신(詩神) 칼리오페(Kalliope＝아
름다운 목소리)와 아폴론의 아들인 음악의 거장이며 칠현금(Gk.

---

* Orpheus

엣센스　　오르페우스(하프의 명수 : 동물·나무·바위까지 황홀하게 하였다고 함)

프라임　　(무생물까지 감동시켰다는 하프의 명수)

엘리트　　〔동물이나 새·초목까지도 그 음악으로 매혹시켰다는 하프의 명인〕

현대　　　(무생물도 감동시켰다는 하프의 명수)

금성　　　(하프의 명수)

슈프림　　오르페우스(그가 타는 하프가 하도 오묘하여 금수 초목까지도 매혹하였다고 함)

e4u　　　오르페우스(동·식물까지도 매료시켰다고 하는 하프의 명인)

Lyre   Harp

lyra, 〔英〕lyre〕 연주자로 그리스 북쪽 트라케에서 태어났다. 그의
음악은 거의 마술적이어서 야생 짐승들을 길들이고, 싸우는 이들을
화해시킬 수가 있었다. 나무의 요정(dryas, 〔英〕dryad)인 아내 에
우리디케가 뱀에 물려 죽자 오르페우스는 하데스(下界)로 내려가
사자(死者)의 왕 하데스를 설득시켜, 아내를 지상으로 데려올 결심
을 했다. 하데스는 오르페우스가 지상으로 오르기 전에 뒤를 돌아
보지 말라는 조건으로 동의해주었다. 그러나 오르페우스는 빛이 있
는 곳에 거의 다다랐을 때 뒤를 돌아봄으로써 그 조건을 깨뜨렸고,
에우리디케는 하데스로 빨려들어갔다. 그의 칠현금은 나중에 리라
(Lyra) 성좌가 되었다.

　일본 사전에는 Harp〔琴座〕라는 별자리가 있는 것으로 표기되어
있지만, 별자리에 Lyra는 있어도 Harp는 없다. 결국 잘못된 일본
사전을 우리는 틀린 줄도 모르고 오늘날까지 베껴왔던 것이다.

별자리 Lyra

문제는 오르페우스의 악기가 '하프(harp)'가 아니고 '칠현금
([英] lyre)'이라는 것이다. 그런데 영한사전에는 모두 '하프'로 나
와 있다. 왜 이런 일이 일어났는가? 일본 영어사전에 lyre의 번역어
도 수금(竪琴)이고 harp의 번역어도 수금(竪琴)으로 되어 있기
때문이다.

『*Random House English-Japanese Dictionary*』(제2판)에서
law school*은 '법학 대학원 ; 법률실무가를 양성하기 위한 대학원

---

* law school

엣센스	법과대학
프라임	(미) 법과 대학원(3년제)
엘리트	(美) 법과대학
현대	(대학의) 법학부
금성	(대학의) 법학부, 법과대학
슈프림	(대학의) 법학부, 법과대학
e4u	로스쿨, 법과대학원, 법학부

으로, 통상 3년제'라고 정의 내리고 있다. 그런데 영한사전 일곱 권 중 제대로 소개되어 있는 것은 두 권뿐이다. 그러나 '법과 대학원' 보다는 '법학 대학원'으로 옮겼다면 더 좋았을 것이다.

런던에 있던 Inns of Chancery는 법학원 입학희망자의 예비 교육을 담당하는 일종의 법학생 숙사(宿舍)로, Inns of Court(법학원)의 부속건물이었다. Inns of Court는 Lincoln's Inn, The Inner Temple, The Middle Temple, Gray's Inn 등 네 법학원을 말한다. 그런데 『엣센스』에는 이 내용이 거꾸로 되어 있다. 즉, Inns of Court가 '법학생의 숙사', The Inns of Chancery가 '변호사 임명권을 가진 런던의 법학원(The Inner Temple, the Middle Temple, Lincoln's Inn, Gray's Inn의 4법학원)'으로 나와 있다. 어느 교수가 Lincoln's Inn을 '링컨 여인숙'이라 번역하여 화제가 된 적이 있다.

『*Oxford English Reference Dictionary*』를 보면 Inns of Court 를 'each of the four legal societies having the exclusive right of admitting people to the English bar'로 설명하고 있으며, Inn of Chancery를 'the building in London formerly used as hostels for law students'라고 설명하고 있다.

Fabian Society는 1884년 시드니 웹, 버나드 쇼 등이 창립한 점진적 사회주의 단체인 파비우스 협회를 가리킨다. Fabian Society 의 Fabian은 지구전(持久戰)을 쓴 고대의 로마 장군 Fabius의 이름에서 나왔으며, Fabian은 Fabius의 형용사이다. 그는 지구전법으로 한니발을 괴롭혔던 것으로 유명하다.

Jacobean Age는 '야고비아 시대' 혹은 '야곱 시대'가 아니고 '(영국) 제임스 1세 시대'(1603~1625)를 가리킨다. Jacobus는 James의 라틴어이고 Jacobean은 그 형용사인 것이다. 마찬가지로 Melos섬의 파생어 Melian(멜로스 섬 사람)을 '멜리아 사람', Paphian(파포스(Paphos) 사람)을 '파피아 사람'이라고 하면 잘못된 것이다.

뉴욕 사람을 New Yorker, 서울 사람을 Seoulite라고 하고, 국가와 국민의 영문 표기도 Japanese, Bhutanese처럼 -ese가 붙는 것이 있는가 하면, American처럼 -n이 붙어서 국민을 나타내기도 한다. Denmark의 경우, 국민은 Dane이고, 형용사는 Danish이며, El Salvador의 경우, 형용사와 국민을 나타낼 때 정관사 El을 탈락시키고 Salvadoran을 쓴다. 이처럼 나라나 도시 등의 지역 이름, 사람 이름을 알아도 그 '형용사' 형을 파악하기가 쉽지 않다.

유럽 최초의 문명이라 할 수 있는 Minoan*(civilization)의 경우를 보자. Minoan은 'Minos+an', 즉 Minos의 형용사형이다. 『슈프림』의 경우 크레테(Crete)가 '그레데'로 잘못되어 있다. '크레테'는 그리스어이고, 크레타(Creta)는 라틴어 표기이므로 그리스어 표기를 기준으로 삼는다면, '크레테'가 옳다. Minoan civilization은 '미노스 문명'이라고 하지 '미노아 문명'이라고는 하지 않는다.

이와 같은 경우로는 Byzantine Empire(비잔티움 제국)가 있다. 그런데 사전에는 모두 '비잔틴 제국'으로 나와 있다. Byzantine은 Byzantium의 형용사이므로 번역할 때에는 명사형을 써야 한다. 그것은 Roman Empire를 '로마 제국'이라고 표기하는 것과 같은 것이다.

율리우스 카이사르(Julius Caesar)가 한 유명한 말 veni, vidi, vici*(I came, I saw, I conquered. 왔노라, 보았노라, 이겼노라)의 해설에 맞는 사전이 한 권도 없다는 것은 놀라운 일이다.

심지어 『*Random House*』조차 Julius Caesar가 원로원에서 승

....

* Minoan

프라임	a. 미노스[크레타]의 n. 미노아 사람
엣센스	a. 크레타 문명(기원전 3000~1100년경에 번영한)의 ; 미노아인(人)
엘리트	a. 미노스(크레타) 문명의 n. 고대 크레타 섬의 주민
현대	a. 크레타 문명의 n. 고대 크레타 주민 ; 미노아인
금성	a. 미노스(크레타) 문명의 n. 고대 크레타 섬의 주민
슈프림	a. 미노스(그레데) 문명의(기원전 3000~1100년경) n. 미노스 사람(태고의 그레데 섬 사람)
e4u	a. 미노스(크레타) 문명의(2,600~1,400 B.C.경), n. 고대 크레타(Crete)섬의 주민

* veni, vidi, vici

엣센스	원로원에 대한 Caesar의 전황보고
프라임	왔노라, 보았노라, 이겼노라(원로원에 대한 Caesar의 간결한 전황보고)
엘리트	Julius Caesar가 한 승리의 말
현대	원로원에 대한 Caesar의 간결한 전황보고
금성	원로원에 대한 Caesar의 간결한 전황보고
슈프림	Julius Caesar가 로마 원로원에 승전을 보고하였을 때(47 B.C)의 말
e4u	Julius Caesar가 로마 원로원에 승전을 보고하였을 때(47 B.C.)의 말

로마 옛지도

리를 보고했을 때의 말'이라고 해설해 놓았다. 맞게 설명한 사전은 일본 겐큐사의 『新英和大辭典』뿐이다. '로마의 友人(친구)에게 전승을 보고했을 때의 말(47 B.C.)'이라고 나와 있다.

카이사르가 한 'veni, vidi, vici'라는 말은, 플루타르코스에 의하면, 카이사르가 친구인 아민티우스에게 말했던 것으로, 로마가 무찌르기 힘들었던 폰토스의 왕 미트리아테스(로마의 숙적이었음)의 아들 파이나코스를 젤라에서 전광석화처럼 격파했음을 표현한 것이다. 그러나 로마의 전기작가 수에토니우스(Suetonius, ?69~122) I권, 『황제 전기(*De Vita Caesarum*)』의 51쪽에는 다음과 같이 적혀 있다.

　… 그의 폰토스 전승 개선행진에서 카이사르는 단 세 마디 말 "veni, vidi, vici"라고 적은 플래카드를 게양했는데, 그것은 다른

간다라 미술

것들처럼 전쟁의 사건들을 나타낸 것이 아니라, 전쟁이 수행된 속
전속결(速戰速決)의 방식을 나타낸 말이었다.

세계사를 공부하면서 배운 '간다라(Gandhara)*'는 영한사전에
어떻게 나와 있을까? 간다라는 인더스강 중류에 있는 파키스탄 페
샤와르(Peshwar) 주변의 옛지명이다. 파키스탄은 1947년 인도 독

* Gandhara

엣센스	간다라(파키스탄의 북서부 페샤와르(Peshawar) 지방의 옛이름:헬레니즘 양식의 불교미술이 융성)
프라임	간다라(인도 서북부 및 아프가니스탄 동부의 옛이름:헬레니즘 양식의 불교미술이 융성)
엘리트	표제어 없음
현대	간다라(현재의 파키스탄 북서부에 해당하는 지방의 옛이름:헬레니즘 양식의 불교미술이 융성)
금성	표제어 없음
슈프림	표제어 없음
e4u	간다라(인도 서북부 및 아프가니스탄 동부의 옛 지역명)

립과 동시에 영국자치령이 되었다가 1956년 독립한 이슬람 공화국이다. 1972년 인도 동남부의 동파키스탄은 방글라데시라는 이름으로 분리 독립했다. 그런데 『엣센스』와 『현대』에는 파키스탄 동북부에 있는 간다라가, 파키스탄 북서부에 위치한 것으로 잘못 기재되어 있다.

또한 '간다라' 같은 중요한 지명이 세 사전에는 표제어로 나와 있지 않다. 간다라 지역은 원래 페르시아 제국의 한 주였으나 기원전 327년 알렉산더 대왕에게 정복당했다. 이 지역은 기원전 4세기 말에 마우리아(고대 인도의 부족) 제국 창건자 찬드라굽타로 넘어가게 되고, 기원전 3세기 중엽에 아쇼카 왕 치하에서 불교로 개종되었다. 기원전 3세기 말에서 기원전 1세기까지 박트리아의 영토였고, 쿠산 왕조 치하에서, 간다라는 부조(浮彫)들로 구성된, 헬레니즘 양식의 불교미술을 발전시켰다.

고대 세계 7대 불가사의 중의 하나인 바빌론의 공중정원*(The Hanging Gardens of Babylon)은 낭떠러지에 지어진 공중에 떠 있

---

* The Hanging Gardens of Babylon

엣센스	(고대) 바빌론의 가공원(架空園)(Nebuchadnezar왕이 왕비를 위해 만든 정원)
프라임	가공원(架空園)(낭떠러지에 공중에 걸려 있는 것처럼 만든 정원)
엘리트	표제어 없음
현대	가공원(架空園)(낭떠러지에 공중에 걸려 있는 것처럼 만든 정원)
금성	공중정원(벼랑에 만들어 허공에 매달린 것처럼 보이게 한 정원)
슈프림	가공원(架空園)(낭떠러지에 공중에 걸려 있는 것처럼 만든 정원)
e4u	바빌론의 공중정원(고대 바빌론에 세워진 계란 모양의 정원)

공중정원

는 듯한 정원처럼 설명이 되어 있다. 그러나 실은 유프라테스 강가 평지에 계단 모양의 건조물 옥상에 식물을 심어, 마치 공중에 매달려 있는 듯한 모습을 한 정원을 가리킨다.

2) 혼란스런 번역어들

같은 단어에 대해서도 사전마다 다른 번역어를 제시하고 있어 어떤 것이 적절한지 고르기가 힘든 경우가 있다. left-hander와 right-hander, advantage와 disadvantage의 경우처럼 서로 대응이 되는 단어의 뜻도 통일되지 않은 경우가 많았다.

야구에서도 left-hander와 right-hander*는 각각 '좌완투수'와 '우완투수' 혹은 '왼손잡이 투수' 혹은 '오른손잡이 투수'를 가리

*	left-hander	right-hander
엣센스	좌완투수	우완투수(타자)
프라임	왼손잡이 투수	우완투수
엘리트	좌완투수	오른팔 투수
현대	왼손잡이 투수	오른손으로 던지기
금성	좌완투수	오른팔 투수
슈프림	좌완투수	오른팔잡이
e4u	좌완투수	우완투수

킨다. 그런데 앞의 사전들에서는 서로 대응이 잘 되지 않는 어휘들이 한 쌍을 이루고 있다. '왼손잡이 투수'와 대응하는 어휘는 '오른손잡이 투수'라고 하면 좋을텐데 '우완투수'로 표기되어 있다. 일곱 사전 중 균형 잡힌 번역어가 있는 사전은 단 두 권뿐이다. 『현대』의 경우 어떻게 right-hander가 '오른손으로 던지기'가 될 수 있는지? TV 야구 중계에서 '좌완투수' '우완투수' '좌완타자' '우완타자'라는 말을 더 많이 사용하는 편이다. 『엣센스』의 경우에는 '우완투수(타자)'의 대칭은 '좌완투수(타자)'여야 하는데, '좌완투수'라고만 나와 있다.

advantage(유리한 점)와 disadvantage*(불리한 점)의 경우 번역어가 '유리한 점'과 '불리한 점'처럼 서로 대응(對應)되는 번역어를 적어야 하는데, 간혹 '유리↔불리한 입장', '유리한 점↔불리', '유리한 입장↔불리'처럼 각 어구가 대응하는 데 일관성이 없다.

thrush*는 '티티새'인가 '개똥지빠귀' 혹은 '지빠귀'인가? thrush는 해방 직후의 사전에는 '티티새'라고 나와 있었는데, 현재

*	advantage	disadvantage
엣센스	유리, 이점, 장점	불리, 불이익 ; 불리한 사정〔입장, 조건〕
프라임	유리한 입장	불리, 불리한 처지
엘리트	유리, 이점(利點),강점	불리〔익〕, 불리한 상황〔입장〕
현대	유리, 유리한 점,강점, 이점	불리한 입장, 불편〔한 사항〕
금성	유리한 점〔입장〕,이점	불리, 불리한 상태〔처지, 점〕
슈프림	유리한 입장, 우세, 우월	불리, 불편, 손실, 장해, 불이익, 불편, ……
e4u	유리, 편의, 이익; 이점, 강점	불리, 불이익, 불편;불리한 상황〔입장〕

남한의 사전에는 '개똥지빠귀', '지빠귀'로만 나와 있다. 북한『조선말대사전』중『티티새』를 찾아보면 '먹이를 주워먹고는 날개를 치면서 '티티' 하고 운다' 라고 설명이 되어 있다. 그러나『영조대사전』에 나와 있는 번역어 '개티티' 란 표제어는 없다. 토머스 하디의 시 〈The Darking Thrush〉를 번역하면서 〈어둠 속의 티티새〉로 번역한 적이 있는데, 〈어둠 속의 개똥지빠귀〉로 번역하려니 조금 어색한 느낌이 들었기 때문이다. 최근에 번역된 요시모토 바나나의 소설 제목도『개똥지빠귀』가 아니라『티티새』이다.

'시차(時差)피로' 라는 뜻의 jet lag*를 찾아보면 한 단어에 '시차증', '시차 피로', '제트기 피로', '시차병', '제트 증후군', 다섯 가지 번역어가 나와 있어 어떤 것을 써야 할지 알기 힘들다.

---

* thrush

엣센스	개똥지빠귀	프라임	개똥지빠귀
엘리트	지빠귀과의 작은 새	현대	지빠귀
금성	지빠귀 새의 총칭	슈프림	지빠귀과(科)의 작은 새
e4u	지빠귀		

* jet lag

엣센스	시차증(時差症)
프라임	(제트기 여행의) 시차로 인한 피로
엘리트	제트기 피로(제트기 여행의 시차에 의한 피로, 신경과민 따위)
현대	제트기 피로
금성	시차병, 정식으로는 jet syndrome(제트 증후군)
슈프림	(제트기 여행에서 일어나는) 제트증후군(症候群)
e4u	제트기 피로(제트기 여행의 시차에 의한 피로, 신경과민 따위)

2003년 1월 10일 북한은 NPT를 탈퇴했다. NPT는 Nuclear Nonproliferation Treaty의 약자(略字)이다. 그런데 사전에는 번역어가 두 가지로 나와 있다. 『엣센스』, 『엘리트』, 『금성』, 『e4u』에서는 '핵확산방지조약', 『프라임』과 『현대』, 『슈프림』에서는 '핵확산금지조약'이다. 참고로 일본 영어사전에서는 '핵확산방지조약(核 擴散防止條約)'으로 되어 있다. 이렇게 흔히 쓰이는 용어에 대해서는 통일이 이루어져야 할 것이다.

The Stations of the Cross*는 '십자가(十字架)의 십사처(十四處)', 즉 그리스도의 수난의 경로를 차례로 나타낸 14개의 성화 또는 성상을 가리킨다. 그러나 아래 사전들을 보면 번역이 너무 다양해 통일이 제대로 이루어져 있지 않다. 이승훈이 1784년 2월 베이징

---

* The Stations of the Cross

엣센스   〔가톨릭〕(십자가의 길의) 기도처〔신자가 순례하는 14처의 예배(禮拜) 장소〕

프라임   〔교회〕십자가의 길〔그리스도의 수난을 나타내는 14처의 그림(조각)〕 ; 그 앞에서 드리는 기도

엘리트   〔가톨릭〕그리스도의 수난을 니타내는 14개의 상(像)(신자들이 그 상 앞을 차례로 지나면서 기도를 드린다)

현대   〔가톨릭〕십자가의 길〔그리스도의 고난을 나타내는 14처의 상(像)앞에서 차례로 기도를 올림〕

금성   〔교회〕(예수 수난의) 십자가의 길을 차례로 나타낸 성상(聖像) ; 그 앞에서 드리는 기도 ; 순례자들이 찾아드는 로마의 교회

슈프림   성로(聖路)의 14처(십자가상의 그리스도의 수난의 경로를 차례로 나타낸 14개의 성화(聖畵) 또는 성상(聖像): 성당 안에서 신자들이 그 14처를 차례로 돌아가며 기도 드림)

e4u   십자가의 길(그리스도의 수난을 그린 14개의 상(像): 신자들은 그 앞을 차례로 지나면서 기도하고 묵상한다.)

The Stations of the Cross

에서 최초로 가톨릭교 세례를 받은 지 약 220년이 지난 오늘날에도 이런 기본적인 말조차 번역어가 정립이 되어 있지 않고, 어떤 번역어는 읽어서 본래의 뜻을 알 길이 없으며, 어떤 것은 설명이어서 번역 혹은 통역을 할 때 그다지 유용하지 못하다.

marigold라는 단어를 일곱 사전에서 찾아보면 '금잔화', '전륜화', '천수국', '금송화', '마리골드', '만수국' 등 번역어가 여섯 개나 나오는데, 이중 대표성을 띠는 단어가 어떤 것인지 궁금해진다. 사전편찬 작업이 각 학계와의 긴밀한 교류 및 협조 아래 이루어져야 한다는 사실이 이 작은 예에서도 발견된다.

marigold

prime rate*를 '우대 금리', '최우대 금리', '표준 (우대) 금리', '최저 금리' 네 가지가 나와 있다. 하나로 통일하면 언어 생활이 편해질 것 같다.

confirmation**은 칠성사(七聖事)라는 것으로 영세한 신자에게 은총을 더하기 위하여 주교가 신자의 이마에 성유(聖油)를 바르고 성신과 그 칠은(七恩)을 받도록 하는 성사 중의 하나를 가리킨다. '견진(성사)', '견진성사', '견진례(堅振禮)' '안수례'의 네 가지 번역어로 소개되어 있다.

Aeolian harp는 '아이올로스 하프', '풍명금(風鳴琴)'을 가리키

---

* prime rate

엣센스	프라임 레이트(미국 은행이 일류 기업에 적용하는 표준 〔우대 금리〕)
프라임	최우대 대출 금리
엘리트	우대 금리, 프라임 레이트
현대	프라임 레이트(미국 은행이 우량 기업에 적용하는 표준 〔우대〕 금리)
금성	프라임 레이트(은행이 신용할 수 있는 기업에 융자할 때의 최저 금리)
슈프림	표준금리(미국 은행이 일류 기업에 적용하는 대출)
e4u	(대출) 우대 금리, 프라임 레이르

** confirmation

엣센스	견진(성사), 안수례(按手禮)
프라임	견진성사
엘리트	견진(성사), 견진례(堅振禮), 안수례(按手禮)
현대	견진성사(견진례)
금성	견진례, 견진성사
슈프림	〔종교〕 (신자) 안수례, 견신례(신교에서는 보통 유아세례를 받은 사람이 장성하여 그 신앙을 고백하고 교회원이 되는) 의식; 〔가톨릭〕 견진(堅振), 견진성사
e4u	〔교회〕견진(성사); 안수례(按手禮)

Aeolian harp

는데, 일곱 개의 사전에서 '에올리언', '에올리안', '이올리언', '아이올로스', '이얼리언' 등 다섯 종류로 표기되어 있다. Aeolian 은 Aeolus(Gk. Ailos, 風神)의 형용사이다. Aeolian harp는 양의 장선(腸線)을 반향상(反響箱)에 팽팽히 맨 악기를 가리킨다. 창문가 에 놓아두는데 바람이 불 때면 그 압력으로 소리가 난다. 영국 및 독일 낭만주의 시인들이 좋아했다. 미국 매사추세츠주 콩코드에 있 는 에머슨 하우스에서 아이올로스 하프를 직접 본 적이 있다.

메소포타미아(지금의 이라크)의 지구라트(ziggurat)*는 바벨탑처 럼 벽돌로 쌓아올렸으며, 성경의 바벨탑 신화(神話)의 원형(原型)

* **ziggurat**

엣센스	옛 바빌로니아, 아시리아 신전(피라미드꼴)
프라임	지구라트
엘리트	없음(피라밋 형의 사원)
현대	지규랫(고대 바빌로니아, 아시리아의 계단식 피라미드형 신전)
금성	지규랫(고대 바빌로니아, 앗시리아의 피라미드형 신전)
슈프림	고대 바빌로니아, 아시리아의 계단식 피라밋형 사원(寺院)
e4u	지구라트(고대 바빌로니아, 아시리아의 계단식 피라밋형 사원)

지구라트

이다. 이희승 편 『국어대사전』은 '지구라트' 라는 표기를 택하고 있
는데, 일곱 사전 중 '지구라트' 라고 표기한 사전은 하나이고, '지규
랫' 라고 발음한 사전은 둘이며, 나머지 두 사전은 발음 표기가 없
다. 여기에 더해 '피라밋', '피라미드', '앗시리아', '아시리아' 같
은 표기 혼란이 아직도 계속되고 있다.

Sistine Chapel*의 경우, 이탈리아어로는 Capella Sistina이므로

---

* Sistine Chapel

엣센스	시스틴 성당
프라임	시스틴 성당(로마 Vatican 궁전 안의 교황의 예배당)
엘리트	시스틴 예배당
현대	시스티나 성당
금성	시스티나 성당
슈프림	로마 Vatican 궁전에 있는 교황의 성당
e4u	시스틴 성당(Vatican의 교회 예배당)

Sistine Chapel

'시스티나 예배당'이 옳다. Sistina는 Sistino의 여성형인데, capella(=chapel)가 여성형이기 때문에 여성형용사 Sistina가 된 것이며, Sistino는 교황 'Sixtus'란 뜻이다. Sixtus 4세가 건립했고 미켈란젤로가 천장 벽화를 그렸다. 그러나 제대로 번역된 사전은 한 권도 없다. 『프라임』에서는 같은 것을 가리키는데, '성당'과 '예배당' 두 번역어를 써서 혼란스럽다. 『슈프림』에는 번역어가 없이 설명만 있고, 『프라임』과 『e4u』에서는 '성당'과 '예배당'이란 모순되는 번역어를 쓰고 있다. '성당(聖堂)'은 cathedral이다.

구약 성경에 많이 나오는 모세의 십계명을 새긴 석판(石板) 두 개를 넣은 아카시아 나무상자 The Ark of Covenant(열왕기 上 8 : 1)는 사전에서 '결약의 궤', '궤약의 궤', '언약궤', '계약의 궤', 네 가지로 번역되었다. covenant는 '신(神)과 인간과의 계약'을 뜻한다. 『관주 성경전서』(대한성서공회)와 『공동번역성서』에는 '증거궤 (證據櫃)'로, 『성경전서:표준새번역 개정판』에는 '언약궤'로 번역되어 있고, 『아가페 성경사전』(1991)에서는 표제어에 '언약궤'로 나와 있다. 영한사전에서는 두 사전에만 이 번역어가 나와 있다.

〈인디애너 존스〉 3부작 중 제1편 〈레이더스〉(Raiders of the Lost Ark)의 Ark는 '노아의 방주'가 아니라 Ark of the Covenant(언약궤)인데, 영화에서는 '성궤(聖櫃)'로 번역되어 있다. 영화와 사전과 성경에서 서로 다른 어휘를 쓰고 있는 셈이다.

Tabernacle*(聖幕)과 The Feast of the Tabernacles(草幕節, 출애굽기 25~27)에 대해서 살펴보자. 성경에서 Tabernacle은 '성막'으로 쓰이곤 하는데, 일곱 사전 중 '성막'으로 번역된 것은 한 권뿐이다. 그것도 한글로만 적혀 있어 무슨 뜻인지 알기가 쉽지 않다. The Feast of Tabernacles는 '초막절', '회막의 축제', '수장절', '이동신전의 축제'로 나와 있는데, tabernacle이 '성막(聖幕)'이므로 '聖幕節'이라고 번역하면 좋을 것이다.

All Souls' Day는 '위령의 날', '만령절', '추사이망첨례', '죽은 신도들의 영혼을 위해 미사드리는 날', '모든 성인의 축일'이라는

*	Tabernacle	The Feast of Tabernacles
엣센스	장막(帳幕) (옛 유대의 이동식 신전)	초막절(草幕節), 수장절(收藏節)
프라임	(고대 유대의) 장막, 이동신전	(유대교) 초막절
엘리트	장막	없음
현대	성막	초막절, 수장절
금성	막사	없음
슈프림	이동신전	이동성전(移動聖殿)의 축제
e4u	〔성서〕장막(옛 유대인의 이동식 임시 신전)	초막절(유대인이 조상들의 광야에서의 초막생활을 기념하는 날)

Tabernacle

다섯 가지 번역어 때문에 어떤 어휘를 골라야 할지 혼란스럽다.

방탕한 생활을 했던 14세기경의 스페인 귀족 Don Juan은 '돈환', '돈후안', '돈 후안' 등 세 가지로 표기되어 있다. 마찬가지로 kung fu(功夫)도 '꿍후', '쿵후', '쿵푸' 등 세 가지로 나와 있다.

Mogul*은 '무굴'이냐, '무갈'이냐? Mogul＝Mughul. 둘 다 Mongol에서 나온 단어이다. 이희승 편『국어대사전』에는 '무굴제국'이 나오고 '무갈'은 나오지 않는다. '무굴'은 페르시아어

---

* Mogul

엣센스	무굴사람
프라임	무굴사람, 몽고인(특히 인도에 제국을 세운)
엘리트	무갈사람
현대	무갈사람, 몽고인
금성	무갈인
슈프림	무갈사람
e4u	무굴사람

미란다 카드의 앞면

mughul에서 나온 표기로, 일본사전에서는 '무갈'(ムガル)이라고
표기하고 있다.

Miranda Card*는 체포된 범인에 대해 묵비권(默秘權), 변호사
입회권(立會權) 등을 요구할 수 있는 권리가 있음을 읽어주기 위
해 휴대하는, 헌법상의 권리를 인쇄한 카드로, 1963년 사건의 피고
에르네스토 미란다(Ernesto Miranda)의 이름에서 유래했다. '미란
다 준칙(원칙)', '미랜더 준칙(원칙)', '묵비권', '미란다 규칙', 네
가지로 번역되어 혼란스럽다. 『동아새국어사전』에는 '미란다 원

---

* Miranda rule

엣센스	미란다 준칙[원칙] (경찰관의 위법 수집 증거 배제의 원칙)
프라임	미랜더 준칙[원칙] (위법 수집 증거 배제 원칙 ; 묵비권)
엘리트	〔美〕묵비권
현대	미란다 준칙
금성	없음
슈프림	〔美〕묵비권
e4u	미란다 규칙

cowslip

칙' 으로 수록되어 있어 영한사전과 국어사전이 마찰을 빚고 있음을 볼 수 있다. 『민중국어대사전』에는 이 단어가 아예 수록되어 있지 않다.

cowslip라는 단어는 '앵초', '양취란화', '서양깨풀', '구륜앵초', '노랑꽃구층앵초', '노란구륜앵초', '산동이 나물', '눈동이 나물', '동의 나무' 등 아홉 가지로 소개되어 있다.

인체에 질병 증상과 비슷한 증상을 유발시켜 치료하는 방법인 homeopathy* 또한 '동종요법', '동독요법', '유사유법', '호메오파시', 네 가지가 있어 혼란스럽다.

---

*homeopathy

엣센스	유사(類似) 〔동종(同種)〕 요법
프라임	동종〔유사〕 요법(同種療法)
엘리트	동종〔동독(同毒)〕 요법
현대	호메오파시, 동종(同種)〔유사〕요법
금성	동종 요법(同種療法)
슈프림	동종〔동독〕 요법
e4u	호메오파시, 동종(同種) (유사) 요법

codpiece

goatherd(염소치기)가 『엣센스』와 『엘리트』에는 '염소지기'로 나온다. shepherd가 '양치기'로 번역된다면 '염소치기'라야 옳을 것이다.

영화 〈로미오와 줄리엣〉을 보면, 남자 바지(breeches)의 사타구니 부위의 앞섶을 가리도록 단 장식적인 샅 주머니 혹은 씌우개를 볼 수 있는데, 그것이 영어로 codpiece*[cod(=bag)+piece]이다. 일곱 권의 영한사전을 들춰보아도 설명으로 된 것이 많아 뜻은 알 수 있지만 번역·통역을 하는 데 필요한 번역어 '샅 주머니'나 '샅 씌우개'는 없다. 『Longman Dictionary of English Language and Culture』에서는 codpiece를 'a sometimes decorated bag used formerly to cover the opening in front of men's tight-fitting trousers'라고 설명하고 있고, 『Oxford Advanced Learner's Dictionary』에서는 '(in 15th and

---

*codpiece

엣센스	(15~16세기의) 남자 바지(breeches) 앞의 볼록한 부분
프라임	(15~16세기의) 남자 바지 앞의 샅 주머니, 고간(股間) 주머니
엘리트	(15~16세기에 유행한 남자 복장에서) 바지 앞에 단 주머니
현대	코드 피스[15~16세기의 남자용 바지(breeches)의 앞트임을 가리기 위한 커버 ; 흔히 장식되어 있었음
금성	샅에 차는 주머니 ; 15, 16세기에 남성용 반바지 앞에 단 볼록한 부분
슈프림	(15~17세기의 남자 복장에서) 바지(breeches) 앞에 단 주머니
e4u	(15~16세기의 남자 복장에서) 바지 앞주머니

16th century dress) man's breech
covering the opening in front of a
bag or flop'라고 풀이하고 있다.

fortune cookie

'선수 과목', '(기초) 필수과목' 등
의 의미로 쓰이는 prerequisite는
『엘리트』, 『금성』, 『슈프림』, 『e4u』에
는 그 뜻이 빠져 있다.

미국에 있는 중국 식당에 가면
fortune cookie*(점괘과자, 운세과자)를 준다. 여기서 fortune은
'행운'이란 뜻이 아니고 '운세', '운수'란 뜻이다.

윌리엄 프리드킨 감독의 영화 〈엑소시스트(The Exorcist, 1973)〉
로 유명하게 된 말인 exorcist**는 엄밀히 말하면 (악마를 쫓아내는)
기도사(祈禱師), 퇴마사(退魔師), 가톨릭에서는 '불마사(祓魔師)'
이다. 『엣센스』의 '불제 기도사'란 무엇인가? 이 단어만 보아서는
무슨 뜻인지 알기가 어렵다. 한자가 없이는 제대로 이해할 수 없다.

---

*fortune cookie

엣센스	(중국 요릿집에서 주는) 점괘과자
프라임	(중국 음식점 등에서 만들어 파는) 점괘가 든 과자
엘리트	행운의 과자 ; 그날의 재수 따위 점괘가 적힌 종이 쪽지가 들어 있는 중국 과자
현대	(美) (속에 운수를 점친 종이가 들어 있는) 점괘과자
금성	(중국 음식점 등에서 내는) 점치는 쿠키 : 운수 등을 인쇄한 쪽지가 들어 있음
슈프림	점치는 쿠키(운수 등을 인쇄한 쪽지가 들어 있음)
e4u	점괘과자

'불제'는 '祓除'〔祓은 '푸닥거리할 불', 除는 '털 제'〕이다. '귀신 물리는 사람', '액막이하는 사람', '귀신을 쫓아내는 사람', '귀신을 몰아내는 기도사', '악마를 쫓아내는 기도사'는 모두가 설명으로 이루어져 있다.

1998년 11월 23일자 신문에, 찰스 카트먼 한반도 평화회담 특사가 18일 기자회견에서 북한 금창리 지하시설이 핵 관련 용도로 건설되고 있다는 compelling evidence가 있다고 말했다가 '의심할 만한 강력한 증거'(조선일보)냐, '불충분한 증거'(동아일보)냐 말이 많았다. 결국 카트먼 특사는 21일에 핵시설인지에 관한 확증(proof)은 없다고 자신의 발언을 해명했다고 한다. 그럼 compelling은 어떤 뜻인가? 『*Oxford Advanced Learner's Dictionary*』에 보면 1. extremely interesting and exciting, so that one has to pay attention : a compelling novel, story.(홍미진진한), 2.that one must accept or agree with : a compelling reason, argument(받아들이거나 동의하지 않을 수 없는)이라고 나와

**exorcist

엣센스	엑소시스트, 귀신 물리는 사람, 무당, 불제 기도사, 액막이하는 사람
프라임	귀신을 쫓아내는 사람, 무당
엘리트	귀신을 몰아내는 기도사, 무당
현대	악마를 쫓아내는 기도사, 무당 ; 〔가톨릭〕 구마(사)〔驅魔(師)〕
금성	구마 기도사
슈프림	귀신을 쫓아내는 기도사
e4u	귀신을 몰아내는 기도사, 무당

있다. 카트먼 특사가 의미했던 것은 두 번째 정의다. a compelling novel 혹은 story에서 영한사전을 찾으면 compelling의 적절한 번역어 '흥미진진한'이 나와 있지 않다. 미국 대통령이 매년 1월 미국 상·하원에서 행하는 연설인 The State of the Union Address(Message)는 신문과 TV에서 '국정연설' 혹은 '연두 교서'로 나와 어느 것이 더 적절한 용어인지 혼란스럽다.

bazaar는 페르시아어로 bazar, 즉 '시장(市場)'이란 뜻이다. 원래 이스탄불의 Grand Bazaar(大商店街, 큰 시장)처럼 동양의 상점가였지만, 가난하거나 불행한 사람을 도와주는 자선시장(慈善市場)을 열어 자금을 모으는 곳이기도 하다. 그런데 사전에는 '바자'만 나오지, '바자회'라는 번역어가 없다. 그리고 '자선시'보다는 '자선시장'이 뜻이 더 분명하다.

Onanism은 창세기 38장에 나오는 말이다. 유다와 수아 사이에 태어난 첫째 아들 엘이 나쁜 짓을 하여 여호와께서 엘을 죽였다. 둘째 아들 오난은 형 엘이 상속자 없이 죽자, 형수 다말과 통정하여 아들을 낳을 책임이 있었다. 형제의 본분을 이행하기 위하여 다말과 동침했지만 태어날 아이가 상속의 두 몫을 물려받게 될 것을 알고서 오난은 성교할 때마다 다말이 임신을 못하게 땅에다 사정해 버렸다. 이 때문에 여호와는 화가 나서 그를 죽였다. 같은 단어에 '성교 중절', '성교 중단', '부전 성교' '중절 성교' 등 여러 가지 번역어가 나와 있는데, 하나로 통일하면 사용하는 데 훨씬 더 편할 것

walrus   sea horse

이다.

　walrus*는 '바다코끼리' 인가 '해마' 인가? 『동아새국어사전』을 살펴보면 바다코끼리와 해마를 다음과 같이 정리해놓았다.

　바다코끼리　바다코끼릿과의 바다 짐승. 몸길이 3.5m, 몸무게 3t 가량. 해마(海馬)와 비슷하나 귓바퀴가 없고 코가 코끼리 모양으로 20cm 가량 늘어져 있음. 새우·오징어·물고기 등을 잡아먹으며, 북양(北洋)이나 미국의 캘리포니아 연안에서 번식함. 해마(海馬). 해상(海象)이라고 나와 있다.

··

* walrus

엣센스	〔집합적〕 해마
프라임	〔집합적〕 해마(海馬)
엘리트	해마(sea horse, sea cow)
현대	바다코끼리
금성	바다코끼리
슈프림	해마(海馬)
e4u	바다코끼리(북극해·대서양 산)

해마(海馬) ① 실고깃과의 바닷물고기. 몸길이는 8cm 가량으로 온몸이 골판(骨板)으로 뒤덮이고 머리가 말머리와 비슷함. 등지느러미로 헤엄치는데 부드럽고 긴 꼬리로 해초를 감음. 수컷의 아랫배에 육아낭(育兒囊)이 있어 알을 부화시킴. 우리나라 연해와 일본 각지에 분포하는데, 한방에서 소화제의 원료로 씀. ② ☞ 바다코끼리.

  국어사전을 보면 '해마(海馬)'에 '바다코끼리'란 뜻이 있고, '바다코끼리'를 찾으면 '해마(海馬)'가 있어 틀린 것이 아닌 듯 하지만, 서양 사람들은 walrus는 왼쪽 그림, sea horse는 오른쪽 그림을 생각한다. 그러므로 walrus의 경우 '해마'보다는 '바다코끼리'나 '해상(海象)'으로 통일하는 것이 혼란을 막는 지름길이 아닐까?

  서양철학에서 아주 중요한 개념인 Prime Mover*(Lat. *primum mobile*)는 아리스토텔레스 철학의 주요개념 중 하나인데, 그리스어로는 '최초로 운동을 일으키는 자'(to proton kinen akin neton)란

*Prime Mover

엣센스	1. 〔아리스토텔레스 哲〕 제1운동자 2. 없음
프라임	1. 없음. 2. (그리스 철학의) 신(神)
엘리트	1. 없음, 2. 신(神)
현대	1. 없음, 2. 없음
금성	1. 제1운동자, 2. 신(unmoved mover)
슈프림	최초의 운동자(자기는 움직이지 않고 모든 것을 움직이는 자, 즉 아리스토텔레스가 말하는 신(神))
e4u	〔철학〕 신(神)

뜻. 번역하자면, '부동(不動)의 원동자(原動者) 혹은 부동(不動)의 제1동자(動者)'. 그런데 이 말의 정확한 번역어가 실린 사전은 한 권도 없다. '제1운동자'는 제대로 표현된 번역어가 아니다.

notch*라 불리는 '오늬'란 무엇인가? 이희승 편 『국어대사전』에는 '화살의 머리를 시위에 끼우도록 에어 맨 부분. 광대싸리로 짧은 동강을 만들어 화살 머리에 붙임'으로 나와 있

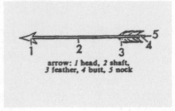

arrow: 1 head, 2 shaft, 3 feather, 4 butt, 5 nock

notch

다. 그러나 『조선말대사전(상, 하)』에는 '화살의 뒤끝을 활시위에 끼우도록 에여민 화살의 꼬리부분'이다. 그렇다면 남한의 국어사전과 북한의 국어사전의 정의(定義)는 정반대가 된다. 영한사전의 번역어에도 '(활의) 오늬'와 '화살의 오늬'로 나와 있어 어느 것이 맞는지 독자가 알 길이 없다.

'(화살의) 오늬'가 옳다. 『Webster's Third International Dictionary』의 표제어 'arrow'에 그려진 그림을 보면 바로 판가름 난다.

---

* notch

엣센스	오늬, (활)고자	프라임	(활의) 오늬
엘리트	화살의 오늬	현대	(화살의) 오늬
금성	오늬, 활고자	슈프림	(화살의) 오늬(V자형 부분)
e4u	(화살의) 오늬		

『엣센스』와 『프라임』, 『슈프림』에는 '한국인', '한국어', '몽고인', '몽고어'가 없다. 『엘리트』에서는 Korean*은 '한국인', '한국어'라고 해놓고서 Mongolian*은 '몽골인', '몽골어'로 하지 않고 '몽골사람', '몽골말'이라고 했으니 일관성이 없다. 『금성』의 경우 '한국어'를 '한글'이라고 했다. 한국어는 한글이 없어도 수천 년, 수만 년 동안 존재해왔다. 한글은 한국어가 아니라 한국어를 표기하는 기호이다. 영어 논문에서도 The Korean language, Hangul이라고 쓰는 사람이 있고, 신문 기사에서도 한국어를 한글이라고 쓴 것을 본 적이 있다. '한국인, 한국말' 혹은 '한국사람, 한국어'는 서로 대응이 잘 되지 않는다. '한국인, 한국어' 혹은 '한국사람, 한국말'이어야 한다. 그러나 공식적인 단어는 '한국인, 한국어'로 하는 것이 적절하다.

2002년 7월에 총리 임명 문제로 Seminary라는 단어가 문제가 된 적이 있는데, Princeton Theological Seminary를 '프린스턴 신학대학원'이라 번역했다. 그런데 영영사전이나 영한사전에는

*	Korean	Mongolian
엣센스	한국인, 한국말	몽골사람, 몽골말
프라임	한국사람, 한국말	몽골사람, 몽골말
엘리트	한국인, 한국어	몽골사람, 몽골말
현대	한국인, 한국어	몽고인(人), 몽고어(語)
금성	한국인, 한국어, 화글	몽고인, 몽고어
슈프림	한국사람, 한국말	몽고사람, 몽고말
e4u	한국인, 한국어	몽골사람, 몽골어(語)

Seminary가 어디에도 '대학원(graduate school)'이라고 정의되어 있지 않다. 『*Oxford Reference Dictionary*』에는 Seminary를 'a school, esp. a theological school for the training of priests, ministers, or rabbis. a training college for priests, rabbis.'로 소개하고 있다. 영한사전에도 '신학교', '(미) (각 종파의) 신학교'로만 나와 있다.

Great Britain의 번역은 '대(大)브리튼'이다. 잉글랜드, 웨일즈, 스코틀랜드로 이루어진 섬으로, 북아일랜드(Northern Ireland)와 합쳐 United Kingdom(UK)이라 불린다. 원래 Little Britain〔바다 건너 프랑스의 브르따뉴(Bretagne=〔英〕Britain)〕지방과 대비(對比)하여 더 크기 때문에 붙인 이름이다.

British는 Briton에서 나온 형용사로, British Museum의 올바른 번역은 '영국 박물관'이지 '대영박물관(大英博物館)'이 아니다. British Library는 영국 도서관. British Museum은 Sir Hans Sloane의 장서(藏書)와 콜렉션을 바탕으로 1753년에 설립되었으며, 1973년에 도서관 부문은 British Library의 일부를 이루었다.

'대영박물관(大英博物館)'은 일본인들이 잘못 지은 번역어이다. 그 까닭은 British Empire를 '대영제국'이라고 번역했기 때문이다. 그러므로 British Academy도 '대영 학사원'(『엣센스』)보다는 '영국 학사원'(『프라임』, 『엘리트』, 『현대』, 『금성』)으로 번역하는 편이 좋을 것이다.

Theodicy*를 찾아보면 신정설(神正說), 신정론(神正論), 호신론(護神論), 변신론(辯神論), 신의론(神義論) 등 다섯 가지 번역어가 나와 어지럽다. 어느 한 용어로 통일을 하는 것이 바람직하다. 『*American Heritage Dictionary*』에는 theodicy를 'a vindication of God's goodness and justice in the face of the existence of evil'라고 풀이하고 있다.

Holy Spirit(=Holy Ghost)의 번역은 사전에서는 모두 '성령(聖靈)'으로 나오는데, 교회에서 기도 올릴 때 말하는 "성부와 성자와 성신(聖神)의 이름으로 비옵니다"(In the Name of the Father, the Son and the Holy Ghost)에서의 '성신(聖神)'이란 번역어는 없다.

liberal arts는 라틴어 *artes liberales*(자유인에게 어울리는 교양)을 영역(英譯)한 것이다. 중세에는 문법 · 논리학 · 수사학(修辭學) · 산수 · 기하학 · 음악 · 천문학의 일곱 과목을 나타내고, 현대 대학에서는 전문 과목에 대해 전반적 지적 능력을 함양하는 학문

---

*theodicy

엣센스	악의 존재를 신의 섭리라고 하는 주장, 신정설(神正說), 호신론(護神論)
프라임	신정론(神正論)(악의 존재를 신의 섭리로 봄)
엘리트	호신론(護神論), 신정론(神正論)
현대	신정론(神正論)(특히 악의 존재에 대해 신의 섭리라고 보는 사상)
금성	변신론(辯神論), 신의론(神義論);악의 존재가 신의 속성과 모순되지 않는다는 설
슈프림	호신론(護神論),신정론(神正論),신의론(神義論)(악의 존재를 신의 섭리라고 보는 사상)
e4u	호신론(護神論),신정론(神正論)(악의 존재가 신의 생성과 정의에 모순되지 않는다는 설)
랜덤하우스	변신론(辯神論), 신의론(神義論), 신정론(神正論);악의 존재가 신의 속성(屬性), 특히 그 신성(神性)과 모순되지 않는다고 주장하는 설

분야로, 어학·문학·자연과학·철학·역사 등을 포함한다. '자유 과목'이 아니라 자유인 과목(自由人科目, Liberal arts)이라고 하는 것이 적절하다.

Korean Air Lines(대한항공)가 지금은 Korean Air로 바뀌었으니 약자는 KA이지 KAL이 아니다. 영한사전에는 KAL은 'Korean Air의 구칭'이라고 나와 있는데, 지금도 대한항공에서 KAL을 쓰고 있으니 모순이다. 참고로 영국항공 British Airways의 약자는 BA이다.

Korea는 남한에서는 '한국'이지만, 북한에서는 '조선'이다. 외국인들은 Korea를 두 개의 나라로 보는데, 하나는 남한을 나타내는 'the Republic of Korea(대한민국)', 또 하나는 북한을 나타내는 'the Democratic People's Republic of Korea(조선민주주의 인민공화국)'이다. 그런데 우리 사전에는 Korea 항목에 한국(공식 명칭은 the Republic of Korea ; 생략 ROK)만 나와 있고 '조선'은 없다. 남한적 시가(視覺)만 있고 세계적 시각은 없다. 영한사전에는 Democratic People's Republic of Korea나 DPRK가 나와 있지 않다.

3) 철자가 틀린 경우

다음의 예를 보자.

Stoic 〔Gk. "stoa"(=poach)의 뜻에서 그리스 철학자 Zeno가 아

테네의 <u>sta</u> poikilé(=painted porch)에서 가르친 데서〕a. 1. 스
토아 철학(파)의 2. s～, 극기의, 금욕의 ; 냉정한(impassive)- n.
1. 스토아 철학자 2. 〔s～〕극기 금욕주의자. ―『프라임』

porch가 poach로, stoa가 sta로 미스프린트되어 있다. 또 제논
이 영어식인 Zeno로 되어 있어 독자는 '제논(Gk. Zenon)'을 '제
노'와 다른 사람인 줄 오해할 위험이 있다. 참고로, 플라톤은 영어
로는 Plato, 그리스어로 Platon이라고 한다. 이 사전은 1990년 1월
에 초판이 나온 이래 12년 동안 전혀 교정을 보지 않은 듯하다.

이희승 편저『국어대사전』(제3판, '98수정판 민중서점)의 '스토아
학파' 설명에서는 stoa poikile를 '벽에 그림이 있는 주랑(柱廊)의
뜻에서'라고 했는데, painted porch(혹은 portica)에서 painted는
'채색한', '색칠한'이란 뜻이지, '그림을 그려놓은'이란 뜻이 아니
다. 더구나 이희승 교수는 1989년에 돌아가셨으니 1994년의 제3판
과 1998년의 제3판 수정판 작업에는 참여할 수 없었다.

stoa 1.【그리스 건축】주랑(柱廊), 보랑(步廊), <u>호랑</u>(portico)(기둥

　　　　이 줄지어서 있는 길다란 독립된 건조물)

　　　2. (the S-) Zeno가 강의했던 아테네의 stoa : 스토아 철학

　　　　(파). (cf. Stoic, porch 3)

　　　　　　　　　　　　　　　　　　　　　―『슈프림』

'호랑'은 국어사전을 찾아봐도 이런 뜻으로 나온 것이 없다. 그래서 일본 영어사전을 찾아보았더니 다음과 같이 나와 있었다. '日 旺 文社 **stoa** 〔ギリシマ建築〕柱廊, 回廊 . 혹시 '회랑'을 '호랑'으로 잘못 적은 것은 아닐까. 게다가 '주랑', '보랑'은 괄호 속에 한자(漢字)를 넣고, '호랑'은 한자를 넣지 않은 것도 눈에 띈다.

『엘리트』에 Olympus Mountain에 대한 설명인 〔그리스 북쪽의〕올핌포스 산'이라고 나와 있는데, '올핌포스'는 '올림포스'의 오자이다.

『프라임』에서 commedia dell' arte (16세기 이탈리아의) 즉흥 가면 '희곡'은 '희극(It. comedy of art)'을 잘못 표기한 사례이다.

『슈프림』에서 taekwondo가 teakwondo로 잘못 기재되어 있으며, 황금양털 신화의 영웅 이아손(Iason (英) Jason)이 Jasond로 미스프린트되어 있다.

어원(語源)이 수록된 사전이 필요하다

영어 단어의 어원을 알면 그 단어의 뜻을 깊이 이해할 수 있는 이점 (利點)이 있을 뿐만 아니라, 외국인인 우리가 해당 언어를 훨씬 잘 기억할 수가 있다. 그래서 영한사전에 어원이 제대로 수록되어 있는지 조사해보니, 『엣센스』에는 어원이 없고, 『엘리트』, 『현대』, 『금성』 등에는 어원 표시가 있기는 하지만 그리 다양하지 못하고, 『프라임』에는 앞의 사전들보다 적은 양으로 표시되어 있다. 물론 어문각 『新英韓辭典』이나 『랜덤하우스 英韓大辭典』과 같이 큰 사전에는 어원이 자세히 밝혀져 있으나, 그런 사전을 가진 사람은 전체 사용자 중 그리 얼마 되지 않는다. 따라서 여기서는 우리가 많이 사용하는 콘사이스 사전류를 대상으로 삼고자 한다.

영어는 중세, 특히 중기 영어(Middle English, 1150~1500) 이후 라틴어와 프랑스어를 비롯한 세계의 거의 모든 언어에서 어휘를 차용(借用)해서, 세계에서 가장 풍부한 어휘를 가진 언어의 하나가 되었다. 따라서, 영어의 어원을 생각할 때, 차용어(借用語) 문제는 특히 중요하다. 그래서 본래어(本來語)와 외래어(外來語)와의 관계를 통계적으로 살펴보면, 사용빈도를 바탕으로 뽑은 어휘 약 2만 어와 약 14만어의 경우, 그 어원적 분류와 비율은 다음과 같다.

	2만 단어*	14만 단어**
본래어	19%	14%
그리스어	13%	21%
라틴어	15%	36%
프랑스어	36%	21%
북구어	7%	4.5%
이탈리아어 · 스페인어	1%	2%
기타	9%	19.5%

본래어의 비율은 각각 19%, 14%로 단어 수가 많아질수록 본래어의 비율이 낮아지고, 이에 반해 라틴어, 프랑스어의 비율은 점점 높아진다. 그리스어와 라틴어의 경우, 2만 단어일 때 13%+15%= 28%에서 14만 단어일 때 21%+36%=57%로 비율이 높아진다. 이렇게 외래어의 비율이 높으므로 어원이 사전에 나와 있으면 쉽게 이해하고 기억할 수 있을 것이다.

* R. G. Kent, *Language and Philosophy* 〔북구어(北歐語) 항(項)에는 희랍어, 독일어 포함〕.
** Paul Roberts, *Understanding English*

참고로, 불한사전을 보면『프라임 불한사전(정지영·홍재성 편)』은 빈도수 높은 8,000여 단어의 어원을 밝혔고,『엣센스 불한사전(이휘영 편)』도 어원이 수록되어 있다. 그리고 두 사전 모두 어원을 단어 바로 옆에 달아, 표제어를 쉽게 찾아볼 수 있도록 했다. 그러나 영한사전들은 어원을 밝힐 경우에도 어원을 맨 끝에 달아 보기에 불편하다. 일본의 경우 겐큐샤의『リーダーズ英和辭典(리더스 영화사전)』은 단어 옆에 어원이 있고, 우리나라『랜덤하우스 英韓大辭典』의 경우 맨 끝에 어원이 있다. 한마디로 말하면, 어원은 표제어 바로 옆에 있는 것이 독자가 대조해 보는 데 시간이 절약되어 매우 효과적이다.

어원학(語源學, etymology)은 그리스어 *etymon*(literal meaning or original form of a word (*etymos* true))에서 나온 말로, 단어의 기원(起源)이나 파생(派生)을 다룬다.

단어의 뿌리〔語根〕의 뜻을 알면, 그 뿌리에서 파생된 수많은 단어들의 열쇠를 손 안에 쥐게 된다. 예를 들어 라틴어 ego(=I; 나; 自我, 自己) 하나만 알면, egocentric(자기중심적), egocentricity(자기중심), egocentrism(자기중심성), ego-defense(자기〔자아〕방어), ego ideal(자아이상〔理想〕), ego-involvement(자아관여〔自我關與〕), egoism(자기중심, 자기본위〔本位〕), egoist(이기주의자, 자기본위의 사람) 등 여러 개의 단어를 한꺼번에 파악할 수 있게 된다. 얼마나 경제적인 학습방법인가. 더구나 그리스어·라틴어가 어원인

어려운 긴 단어들도 쉽게 이해하고 오래도록 기억할 수가 있다.

예를 들어 anthropos(인간, human being)란 그리스어를 안다면 anthropology(인류학), anthropogenesis(인류발생론), anthropogeography(인문지리학), anthropography(기술적〔技術的〕인류학), anthropoid(유인원〔類人猿〕), anthropocentric(인간중심적), philanthropy(박애주의), anthropophobia(인간공포증), misanthropy(인간혐오) 등 수많은 어려운 단어들을 쉽사리 이해할 수 있다.

노먼 루이스(Norman Lewis)는 어휘력 양성(養成)을 위한 어원적 접근에는 다음과 같은 방법들이 있다고 말했다.

1. 접두어(接頭語, prefix), 어간(語幹, root), 접미어(接尾語, suffix)를 알아야 하고, 2. 단어의 구성요소를 인식함으로써 낯선, 처음 보는 단어의 뜻을 알아낼 수 있고, 3. 단어의 구성요소를 직절히 결합히는 법을 배위 단어를 정확히 이해할 수 있고, 4. 명사(名詞)에서 파생된 동사, 형용사에서 파생된 명사와 동사, 명사에서 파생된 형용사 등을 알 수 있게 된다.

단어들의 어원을 알게 되면, 어려운 단어들에 대해서도 자신감이 붙을 뿐 아니라, 단어들의 깊고 오묘한 뜻과 뉘앙스도 알게 되고, 처음 보는 단어에 대해서도 두려움이 줄어든다. 이것은 마치 한자

(漢字) 千字를 알면 수만 개의 단어들을 쉽게 이해할 수 있는 이치와 같다. 단어들에 대한 최고 · 최선의 접근은 어원적 접근이다.

금발(金髮)을 blonde라고 하는데, blonde는 프랑스어이며, 이 단어는 라틴어 *blondus*(yellow)에서 나온 말이다.

1969년 청계천 7가에서 밴크로프트(Bancroft) 테니스 라켓을 사고 지금까지 35년 동안 테니스를 치고, 테니스에 관한 책 네다섯 권을 원서 혹은 번역서로 읽었지만, 왜 love가 '0'인지 설명한 책은 없어 늘 궁금했다. 영한사전을 펼쳐보면 물론 '0점', '영점'이라고 나와 있지만, love가 왜 그런 뜻이 되었는지 알지 못했는데, 1년 전에 그 까닭을 알게 되었다. tennis란 단어 자체가 Old French인 *tenez*!(take!; tenir의 명령형, (라켓을) 잡아라!)에서 나온 말이고, love는 발음이 비슷한 프랑스어 *l'œuf*(뢰프, 달걀)에서 나온 재담(pun)이다. 달걀 모양이 0이니까.

serendipity(세렌디피티)는 '운(運) 좋은 발견' '행운의 발견'이란 뜻이다. 18세기 영국 정치가 겸 소설가 호러스 월폴(Horace Walpole)이 쓴 동화『세렌딥의 세 왕자(*The Three Princes of Serendip*, 1754)』에서 세 왕자는 그들이 찾지도 않았던 보물들을 우연히 발견하게 된다. Serendip은 옛날에는 Ceylon, 지금은 스리랑카 섬을 가리킨다.

맨(Mann)에게 보낸 편지(1754년 1월 28일)에서 월폴은 동화의 제목을 'The Three Princes of Serendip'으로 한 까닭은 왕자들이 '항상 우연과 총명함으로 그들이 찾지도 않았던 것들을 발견했기 때문(were always making discoveries, by accidents and sagacity, of things they were not in quest of)'이라고 말했다

밀튼의 시 〈리시더스(Lycidas, 1637)〉의 제28행 'What time the gray-fly winds her <u>sultry</u> horn'을 읽고, 이 문맥에서 sultry의 뜻이 무엇인지 알기 위해 『Oxford English Dictionary』를 펼쳐 찾아보는데, 정의(定義) 바로 밑에 쓰여 있는 밀튼의 이 예문(例文)을 보았을 때의 그 감격, 이것이 OED가 독자에게 주는 serendipity의 기쁨이다.

Los Angeles는 스페인어로 The Angels란 뜻이어서 '천사(天使)들의 도시'라고 불리기도 한다. Los는 남성복수 정관사. 아르헨티나의 수도 Buenos Aires는 스페인어로 '좋은 공기(good air)'란 뜻이다.

dollar를 흔히 '불(弗)'이라고 번역하는데, 가장 많이 사용하는 '불(弗)'이란 번역어가 나와 있는 영한사전은 단 한 권도 없다.

sultry ('sʌltrɪ), *a.* Also 6–7 sultrie, 7 soultry, -ie, sowltry. [f. SULTER *v.* + -Y. Cf. SWELTERY.]

1. **a.** Of the weather, the atmosphere, etc.: Oppressively hot and moist; sweltering.
1594 KYD *Cornelia* II. i. 133 The spring, Whom Sommers pride (with sultrie heate) pursues. 1602 SHAKS. *Ham.* V. ii. 101 *Ham.* The winde is Northerly... Mee thinkes it is very soultry, and hot for my Complexion. 1671 R. BOHUN *Wind* 65 The complexion of the Air is generally more silent...in Soultry Weather. 1748 *Anson's Voy.* II. vii. 213 We had now for several days together close and sultry weather. 1845 J. COULTER *Adv. in Pacific* viii. 102 In this valley it is much more sultry than on the outside of the hilly range. 1871 MISS BRADDON *Fenton's Quest* I, A warm summer evening, with a sultry haze brooding over the level landscape.

b. Of places, seasons of the year, etc.: Characterized by such weather.
1620–6 QUARLES *Feast for Worms* 473 Wks. (Grosart) II. 13 A sowltry Summer's euentide. 1704 POPE *Summer* 65 When weary reapers quit the sultry field. 1748 *Anson's Voy.* II. v. 181 The coast of Brazil is extremely sultry. 1794 MRS. RADCLIFFE *Myst. Udolpho* xxxii, A beautiful evening, that had succeeded to a sultry day. 1836 W. IRVING *Astoria* II. 274 The rigorous winters and sultry summers. 1865 PARKMAN *Huguenots* i. (1875) 6 They..pierced the sultry intricacies of tropical forests.

c. Of the sun, etc.: Producing oppressive heat. *poet.*
1697 DRYDEN *Æneid* VII. 309 Such as born beneath the burning Sky, And sultry Sun betwixt the Tropicks lye. 1704 POPE *Summer* 21 The sultry Sirius burns the thirsty plains. 1784 COWPER *Task* VI. 297 Neither mist, Nor freezing sky nor sultry, checking me. 1804 CAMPBELL *Turkish Lady* 5 Day her sultry fires had wasted. 1817 MOORE *Lalla Rookh, Nourmahal* 50 When Day had hid his sultry flame Behind the palms of Baramoule.

2. Figurative and allusive uses.
a. Chiefly *poet.* (*a*) Associated with oppressive heat; characterized by the overpowering heat of toil; hot with toil.
1637 MILTON *Lycidas* 28 What time the Gray-fly winds her sultry horn. 1682 SOUTHERNE *Loyal Brother* III. i, You were not form'd to run in natures herd, Sultry, and elbow'd in the crowd of slaves. ? 1824 COLERIDGE *First Adv. Love* 5 The sultry hind..stays his reaping. 1833 TENNYSON *Palace Art* 77 The reapers at their sultry toil.

sultry 설명에 인용되는 밀튼의 시 〈리시더스〉

dollar의 어원을 살펴보자. 1518년경에 주화를 화폐 주조소(鑄造所)가 있던 독일어 'Thaler'를 따서 불렀는데, 보헤미아의 요하임 골짜기(Joachimsthaler 〔英〕Joachim's valley)산 은(銀)으로 만들어진 화폐란 뜻이다. 그리고 이 은화들을 Joachimsthaler라고 불렀다. 이것이 Thaler로 축소되고, 여기서 영어의 (U.S.) dollar가 나왔다. cent는 라틴어 켄툼(centum=100)에서 나왔는데, 1dollar의 1/100이라는 뜻이다. Thaler의 영어에 해당하는 단어는 dale(골짜기)이다. dollar를 $ 혹은 $ 기호를 쓰는데, 이것은 콘스탄티누스 대제가 제정한 금화 Solidus의 두문자(頭文字) 'S'를 장식화한 것이다.

사행시(四行詩, quatrain)라면 빅토리아조(朝) 시인 피츠제럴드 (1809~1883)를 바로 연상하게 되는데, 그는 12세기 페르시아의 유명한 수학자·물리학자·천문학자·의학자·철학자·시인이었던 오마르 하이얌(Omar Khayyám)의 루바이야트(rubáiyát, 4행시) 101편을 의역하여 큰 인기를 모았다. 그중 제12편 한 편을 함께 읽어보자.

루바이야트 속의 한 장면

나뭇가지 아래 시집(詩集) 한 권,

포도주 한 병, 빵 한 덩어리 그리고 그대

황야의 내 곁에서 노래하면

오 황야가 천국으로 변하누나!

A book of Verses underneath the Bough,*

A Jug of Wine, a Loaf of Bread, and Thou

Beside me singing in the Wilderness

Oh, Wilderness were** paradise enou!***

4행시는 4행일 뿐만 아니라, 흔히 교대로 abab로 압운하거나 abcb로 압운하는데, 이 시에서는 aaba로 압운하고 있다. quatrain 이라는 단어는 프랑스어 quatre(=four)에서 나왔다.

$\cdot$ $\cdot$ $\cdot$ $\cdot$ $\cdot$

여기서 각 달(Month) 이름의 어원을 살펴보자. March(3월)는 전쟁의 신 마르스(Mars)에서, May(5월, Lat. Maium)는 헤르메스의 어

---

* Bough: branch 가지, twig 한 가지
** were: would be
*** enou: enough

머니 마이아(Maia)에서, 그리고 June(6월, Lat. Junius)은 제우스의 아내 유노(Juno=hera)에서, January(1월)은 야누스(Janus)에서 나왔다. 야누스는 로마 신화에서 문(門)의 신이다. 한 얼굴은 앞쪽을, 또 한 얼굴은 뒤쪽을 바라보는 두 개의 얼굴을 가졌다. 그러니 그런 달이 바로 1월일 것이다. 기원전 250년까지는 최초의 달이었지만, 폐지되었다가, 다시 달력 개정과 더불어 부활했다. 문지기 Janitor 도 Janus에서 나온 단어이다.

그렇다면 2월, 4월, 7월, 8월, 9월, 10월, 11월, 12월은 어디에서 나왔을까?

February(2월)는 고대 로마에서 이 달 15일에 행해진 Februarius(festival of purification, 淸淨儀式)에서 나온 말이다. 즉 the month of purification(청정의 달)이란 뜻이다. April(4월)은 라틴어로 Aprilis인데, aperire(=to open), 즉 만물발육(萬物發育)의 문을 여는 달이라는 뜻이다. 다른 해석은 비너스(아프로디테)의 달이라는 것이다. 아프로디테는 사랑과 미(美)의 여신일 뿐만 아니라, 풍요(fertility)의 여신이다. July(7월)는 라틴어로는 Julium(율리움)이다. 마르쿠스 안토니우스가 이 달에 태어난 영웅 율리우스 카이사르(Julius Caesar)를 기리기 위해 지어진 이름이다. August(8월)는 라틴어로는 Augustus로, 로마 황제 아우구스투스를 기리기 위해 지은 이름이다. September(9월)는 라틴어로는 September인데, 라틴어 Septem(=seven)에서 나온 것으로, 3월이 1년의 시작으로 여겨졌기 때문이다. 로마 달력으로 7월이었다. October(10월)는 라틴어로는 October인데, 이것은 Octo(=eight)에서 나온 말로, 옛날에는 8월이었다. November(11월)는 라틴어로 November로, Novem(=nine)에서 나온 말로, 옛날에는 9월이었다. December(12월)는 라틴어로는 December로, Decem(=ten)에서 나온 말로, 옛날에는 10월이었다.

일본 사전의 영향을 받아 일본식 번역어가많다

영한사전은 일본 영어사전을 바탕으로 만들어졌기 때문에, 일본 번역어의 흔적이 그대로 남아 있는 경우가 매우 많다. 영한사전은 아직도 일본의 식민지로 남아 있는 셈이다.

20세기 들어, 특히 1910년 이후 한국어 어휘에 혁명적 변화가 일어나게 되는데, 주로 영어의 번역어가 일본에서 수입되어 학교를 통해 급속도로 보급되었기 때문이다. 그 결과, 지금 이들 번역어가 없으면 생각도 제대로 할 수 없고, 글도 제대로 쓸 수 없어 교육이 불가능한 지경이 되었을 뿐만 아니라, 이 어휘들이 없으면 거의 모든 책을 번역할 수가 없다. 어떻게 보면, 역설적으로 이 번역어들로 인해 한국어 어휘의 폭은 엄청나게 늘어나는 계기가 되기도 했다.

그렇다면 한국 영한사전의 모델이라고 할 수 있는 일본 에이와지텐(英和辞典)은 언제 어떻게 만들어졌는가? 1808년, 쇄국(鎖國) 시대 분카(文化) 5년에 별안간 나가사키(長崎) 항구에 영국 배 패

튼 호가 입항하여 화란인들을 포로로 잡은 사건이 발생했는데, 이를 계기로 정부의 명령으로 영어학습이 일부 전문가들 사이에서 시작된 것이 1809년부터였다.*

제1기 : 바쿠후(幕府) 분카(文化) 8년(1811) 9월 나가사키의 통역들에게 『에이와지텐(英和辭典)』의 편찬을 명하고, 그 성과가 분카 11년(1814)의 『暗厄利亞(アンゲリア)語林大成』(寫本, 15권)이었다. 분큐(文久) 2년(1863)의 堀達之助編『英和對譯袖珍辭書』(초판 200부, 1866년 재판 1,000부)가 활자(活字) 영어사전의 시초였다. 메이지(明治) 2년(1869)에 이 사전은 상하이(上海)에서 번각(飜刻)되어 500부가 출판되었다. 이것이 『和譯英辭典』, 소위 『薩摩辭典』(사츠마사전)이다. 메이지 6년(1873)에 이르러 처음으로 도쿄(東京)에서 인쇄되었다. 재판은 메이지 4년(1871)에 『大正增補和譯英辭林』이란 제목으로 나왔다.

제2기 : 메이지 20년(1887)경 다시 한 시기가 그어지는데, 일본의 영어사전 발달은 메이지 20년을 전후해서 일단락된다.

지금 일본의 대표적 영어사전인 겐큐샤의 『新英和大辭典』은

* 역사적으로, 일본에 머물렀던 최초의 영국인은 Will(iam) Adams(1564-1620)였다. 그는 영화〈쇼군(將軍)〉(1980)의 주인공으로, 영국 켄트주에서 태어나 1598년 화란 동인도 무역회사 상선 조타수(pilot)로, 1600년(36세)에 일본에 상륙했다가, 오사카에서 도쿠가와 이에야스를 만나, 에도로 와서 조선술(造船術)·항해술(航海術) 등의 고문이 되었다. 1620년 병에 걸려 죽었고, 묘는 요코스가(橫須賀) 교외에 있다.

1927년 초판, 1936년 재판, 1953년 3판, 1960년 4판, 1980년에 제5판, 2002년에 제6판이 나와 있고, 1964년에 어문각에서 낸『新英韓大辭典』은『新英和大辭典』제4판이 모델이다. 1973년에는 Shogakukan(小學館) *Random House English-Japanese Dictionary*가 나왔고, 1994년에는 제2판이 나왔다. 1984년에 겐큐샤에서『リーダーズ英和辭典』(*English-Japanese Dictionary for the General Reader*, 제2판은 1999년)이 나왔고, 2001년에는『ジーニアス英和大辭典』(大修館)이 출간되었다.

일본은 중국에 비해 개국이 늦었기 때문에 일본의 영학(英學) 발달은 직간접적으로 중국에 많은 신세를 졌으며, 영어사전에서도 그것이 뚜렷이 나타나 있다고『日本の英學百年 : 明治編』(1968)은 말하고 있다.

우리나라가 일본의 용어들을 수입한 예를 철학용어 가운데서 살펴보자면 강영안 교수가『우리에게 철학은 무엇인가』(2002, 궁리출판)에서 지적했듯이, 1890년에 나온 호러스 G. 언더우드의 영한·한영사전에서는 현재 우리가 사용하는 번역어휘를 거의 찾아볼 수가 없다.*

----

* 이 예들은 강영안 교수의『우리에게 철학은 무엇인가』(p.176)를 바탕으로 현대 번역어와 대조하여 다시 정리한 것이다. 거꾸로 생각해보면, 1890년의 사전으로 번역해서는 도저히 지금의 독자가 이해할 수 없는 글이 될 것임에 틀림없다.

	언더우드 『영한ᄌ뎐』(1890)	현재 쓰는 번역어
philosophy	학, 학문, 리	철학
natural philosophy	셩리지학, 격물궁리 텬셩지학	자연철학
metaphysics	의리지학	형이상학
moral	덕잇ᄂᆞᆫ	도덕적인
morality	덕, 션덕	도덕성
nature	셩품, 셩미, 본셩, 텬셩	자연, 본질, 본성
reason	지각, 의리, 졍신	이성, 이유
cause	연유, 연고, ᄉᆞ연, ᄉᆞ졍 가ᄃᆞᆰ, 소이연	원인
matter	가음, 바탕, 근본, 물건	물질
form	져작, 형샹, 면, 모양	형상, 형식
atheist	하ᄂᆞ님업ᄂᆞᆫ줄아ᄂᆞᆫ이	무신론자
civilization	교화	문명, 개화
conclusion	혜이린것, 마ᄌᆞ막	결론
contents	든것	내용
experience	경력, 문경, 안목	경험, 체험
value	보감, 갑, 쓸ᄃᆡ, 금	가치

우리보다 영어단어 번역에 앞섰던 일본에서도 19세기 말, 20세기 초에는 현재 우리가 사용하는 번역어의 관점에서 보면 어색한 것이 수두룩했고, 철학 용어의 경우 정착하지 못한 번역어가 절반을 넘고 있다.

being은 '실재(實在), 현체(現體)'로, entity는 '실체(實體)'로, essence는 '원정(元精), 본소(本素), 심수(心髓), 진체(眞體), 운질(運質)' 등으로(주로 화학과 생물학의 의미로), existence는 '만유성립(萬有成立), 존체(存體), 존재(存在), 생물(生物)'로, in esse는 '실재(實在)'로, individuality는 '고독(孤獨)'으로, nature는 '본성(本性), 자질(資質), 천리(天理), 조화(造化), 우주(宇宙), 만유(萬有)' 등으로, noumenon은 '실체(實體)'로, ontology는 '실체학(實體學)'으로, quidity는 '체질(體質)'로, realism은 '실체론(實體論)'으로, reality는 '실체(實體), 진여(眞如)'로, substance는 '본질(本質), 태극(太極)'으로, subsistence는 '실재(實在), 활계(活計)'로, substratum, thing in itself, Ding an sich 도 다같이 '실체(實體)'로 번역해 놓았다.(강영안, 220쪽)

우리는 지금 영어 단어의 번역어를, 마치 공기를 들이마시듯 아무런 거부감 없이 말하고 쓰고 있지만, 지금 사용하는 번역어로 정착되기까지는 엄청난 악전고투가 있었음은 일본인 야나부 아키라

(柳文章)가 쓴 『번역어성립사정』 한국어판의 표지 날개에 간략히 요약되어 있다.

일찍이 이 나라에는 '戀愛'는 없었다. '色'이나 '戀'과 구별되는 '高尙'한 感情을 가리켜 Love의 번역어가 만들어진 지 1세기 정도에 지나지 않는다. '社會' '個人' '美' '自由' 등의 기본어가, 바쿠후(幕府) 말기에서 메이지기(明治期)의 사람들의 어떠한 지적 격투(知的格鬪) 속에서 태어났으며, 일본인의 사물을 보는 방법, 사고방식을 어떻게 이끌어왔는지를 탐구한다.

영어에서 들어온 외래어 말고도 영어의 품사 구성에 준해서 만들어진 단어들이 많다. 우리가 우리말을 자연스럽게 하는 것 같지만, 실은 영어의 접미어와 접두어로 구성된 단어들을 너무 많이 사용하여 이제는 아예 우리말이 되어버린 느낌이 들 정도다. 예를 들어, -self는 '-자체(自體), 자신(自身)'의 의미로 쓰이고, -ism은 '-주의(主義)', -tic은 '-적(的)', -ize, -ify는 '-화(化)하다', un-과 non-은 '불(不) 혹은 '비(非)' 등으로 번역되어 쓰인다.

일본사전의 결점을 그대로 답습한 경우들을 살펴보자.

오분샤의 『英和辭典』을 보면 Homer를 다음과 같이 정리하고 있다. 'ホーマー, ホメロス〔紀元前 10世紀ころの古代ギリシャの詩人. 敍事詩 Iliad, Odysseyの作者とされる(호머, 호메로스〔기원전 10세기

경의 고대 그리스의 시인. 서사시 *Iliad, Odyssey*의 작자라고 한다.〕)'

비교를 해보기 위해 『엘리트』를 펼쳐보니 Homer에 대해 '호머, 호메로스〔기원전 10세기경의 고대 그리스의 시인. 서사시 *Iliad, Odyssey*의 작자라고 한다.〕'와 같이 소개하고 있다. Homer는 그리스어로 '호메로스'라고 표기하면서도 Iliad와 Odyssey는 그리스어인 '일리아스(Ilias)'와 '오뒷세이아(Odysseia)'라 적지 않고 영어식으로 적어 일관성이 없다.

Ulysses의 경우도 마찬가지다. 오분샤 『英和辭典』을 살펴보면, 'ウリッセス, ユリシーズ〔Odysseusのラテン名. Homer作 Odyssey の主人公, Ithacaの王〕이라고 되어 있는데, 이는 율리시즈〔Odysseus의 라틴 이름. Homer작 *Odyssey*의 주인공, Ithaca의 왕〕라는 뜻이다. 『엘리트』에는 율리시즈〔Odysseus의 라틴명. Homer작 *Odyssey*의 주인공, Ithaca의 왕〕이라고 똑같이 나와 있다.

일본 영어사전에서는 신명(神名)·인명(人名)·지명(地名)은 모두 그리스어 발음으로 적으면서, 설명을 할 때는 영어 철자로 적으니 일관성이 없어 모순이 생겨나는 경우가 있다. 이런 일은 일본 영어사전을 그대로 베낀 우리 영한사전에서도 아주 빈번히 찾을 수 있다.

Home-Secretary*는 영국에서 '내무부 장관'을 일컫는 말인데, 번역어 '내무 장관'은 일본어 '내무 대신'을 바꾼 데 불과하다.

Home-Secretary는 Home Office의 장관으로, 정식 명칭은 Secretary of State for the Home Department이다. 일본에서는 '내상(內相)'이라고 말하지만 우리나라에서는 '내무부 장관'을 쓰지 '내무 장관'이라고 하지는 않는다.

쿠빌라이 칸이 별궁을 세운 땅인 Xanadu*는 일본 사전에는 '桃源鄉'으로 나와 있지만, 국어 사전에는 '도원경(桃源境)'은 있어도 '도원향'은 소개되어 있지 않다. 『엘리트』는 일본 오분샤의 『*Comprehensive English-Japanese Dictionary*』

쿠빌라이 칸의 여름 별궁이 있었던 상도(上都)

---

* Home-Secretary

엣센스	내상(內相)	프라임	내무 장관
엘리트	내무 장관	현대	내부 장관, 내상
금성	내무 장관, 내상	슈프림	내무 장관, 내상
e4u	(英)내무 장관	日本 오분샤(旺文社)	內務 大臣, 內相

* Xanadu

엣센스	도원경(Coleridge의 시 〈Kubla Khan〉에서 읊은 중국 원(元)나라 때의 고도(古都) 상도(上都)에서)
프라임	도원경
현대	도원향
슈프림	상도(上都)(만주 열하성(熱河省)의 옛 도시; 쿠빌라이가 이궁(離宮)을 세운 곳)
e4u	도원향(桃園鄉)

엘리트	도원향(桃園鄉)
금성	도원향

를 기본으로 한 사전이라 그런지 도원향은 그대로 소개하고 있다. 옳게 번역된 것은 『슈프림』으로, Xanadu의 어원은 상도(上都)에서 왔다.

shirts**의 번역어 중 『엘리트』에 아직도 일본식 발음 '샤쓰'로 기록되어 있다니 놀랍다.

가축의 입과 발굽에 잘 걸리는 전염병인 foot-and-mouth disease는 예전에는 '아구창(鵝口瘡)'으로 썼으나, 지금은 '구제역(口蹄役)'으로 불리고 있으니, 사전에서도 '구제역'으로 고쳐야 할 것이다. 일본에서도 전에는 '아구창'과 '구제역'을 함께 쓰다가 지금은 '구제역'만 쓰고 있다.

얄팍하고 바삭바삭한 과자 wafers(제병[祭餠], 성찬식 때 빵 대용으로 신부가 줌)의 발음은 '웨이퍼즈'인데, 과자 표지엔 '웨하스'라고 적혀 있다. 처음에는 '웨하스'를 영어로 어떻게 쓰는지 궁금했는데, 나중에 알고 보니 wafers였다. 그리고 일본 영어사전을 찾아보았더니 '웨하스'(ウエハウス)라고 나와 있었다. 일본의 영향을 여전히 받고 있다.

Philopon(히로뽕)은 신문, TV에 자주 등장하는 마약이지만 이

** shirt

엣센스	와이셔츠, 셔츠	프라임	와이셔츠, 셔츠
엘리트	와이샤쓰, 샤쓰	현대	와이셔츠, 셔츠
금성	와이셔츠, 셔츠	슈프림	(남자용) 와이셔츠
e4u	와이셔츠, 셔츠		

단어가 표제어로 수록되어 있는 영한사전은 한 권도 없다. 또 Philopon는 외래어 표기법으로는 '프'으로 표기하니까 '필로폰'이라야 할텐데, '히로뽕'인 이유는 일본 표기 'ヒロポン(히로뽕)'의 영향을 받았기 때문이다. '히로뽕'은 대일본제약(大日本製藥)에서 만든 상품 이름이다. 또한 우리가 흔히 쓰는 '사양(仕樣)'이란 말도 일본인들이 specificaions를 번역한 것을 그대로 옮겨놓은 것이며, '수순(手順)'도 procedure의 일본어 번역어를 쓴 것이다.

anarchism의 번역어인 '무정부주의(無政府主義)'도 일본의 오역을 그대로 답습한 결과이다. anarchism의 본뜻은 '정부가 없는 상태가 최고의 정치'라는 뜻으로 '무정부지상주의(無政府至上主義)'가 올바른 번역어이다. 『*Longman Dictionary of English Language and Culture*』에는 anarchism을 'the political belief that society should have no government, laws, police, etc., but should be a free associaton of all its members'라고 소개하고 있다.

일본이 만든 번역어가 우리의 번역어에 끼친 영향을《한글과 한자문화》(2003년 3월호)에 실린 한국정신문화연구원 신창순 교수의 글이 잘 설명하고 있다.

日本人들이 西洋近代文化 學術을 받아들여 近代國家로 올라서기 위해 西洋近代 語彙들에 대한 譯語를 만들어내고 西洋의 學問들을

消化理解하고 또 飜譯하고 하는 데 들인 功力 知的 苦鬪 등은 우리가 想像을 못할 만치 대단한 것이었다. 그 努力의 자취를 조금이라도 엿볼 사람이라면 日本人들에 대한 讚嘆과 敬意를 禁치 않을 수 없을 것이다.

그런데 혹자는 나에게 따지기를 당신은 日本人들이 近代化한 얘기를 우리와 무슨 相關이 있다고 자꾸 늘어놓는거요 라고 핀잔을 줄 것이다. 그 답은 日本人들이 만든 西洋近代語彙들의 譯語는 바로 우리들의 西洋近代語彙들의 譯語이기 때문이다. 相關이 없기는커녕 우리가 近代化할 수 있는 手段이 바로 일본인이 만든 近代譯語이다. 日本人들의 近代化를 위한 그 至極한 努力의 結果는 고스란히 그대로 우리 것이 되었다. 그렇게 생각하면 우리는 日本人들에게서 헤아릴 수 없이 큰 恩惠를 받고 있다 할 수 있다. 日本은 明治 20년(1887년) 무렵에는 西洋近代語에 대한 譯語 마련을 대강 完成하고 그 뒤로도 계속 손질하면서 오늘날에는 完璧한 英日, 獨日, 佛日, 露日 등 辭典을 갖추고 있다. 그런데 漢字文化圈에 屬해 있다는 福은 또 얼마나 큰가. 우리는 西洋近代譯語를 만들어낸다는 그 어려운 일을 누워서 얻었고 日帝하에서는 日本人이 飜譯한 文化 學術 書籍 등도 그대로 내 것같이 利用했던 것이다.(p. 68)

필요없는 말은 되도록 줄여야 한다

영한사전을 잘 살펴보면 필요 없는 글자가 들어간 경우가 수없이 많다. 게다가 요즘의 영한사전은 대개 2,700~2,900쪽이나 되기 때문에 군더더기라고 여겨지는 부분들을 조금이라도 덜어내야 할 필요가 있다. 그런데 그중 몇 가지 예를 들어보겠다.

■ 가장 대표적인 사례로 '-의'를 들 수 있다. Thomas Hood가 '영국의 시인'으로, Cuisenair(퀴즈네르)가 '벨기에의 교육자'로, recall이 '불량제품의 회수'로 나와 있는데, '-의'를 없애는 것이 훨씬 산뜻하다.

예) · an all-in 5-day tour 비용 전액 부담의 5일간의 여행

· almoner 구호품 보관관리(중세의 수도원 · 왕실 등의)

· The Apple of discord 분쟁의 씨(Troy전쟁의 원인이 된 황금의 사과에서)

· arch 아치형의 문

· Attila 아틸라(5세기 전반에 동방에서 유럽에 침입한 흉노족의

왕)

· davenport (침대겸용의) 대형 소파

· Davis Cup 데이비스컵(1900년 미국의 정치가 D. F. Davis가 기증한 국제 테니스 경기의 우승 은배)

· emerita (여성의) 명예교수

· fake book (주로 美)(관련 소유자의 승낙 없이 만든) 대중가요의 악보집

· Fire gutted the house. 화재로 가옥의 내부가 다 타버렸다.

· floopy disk 외부기억용의 플라스틱제 자기원반

· Jesuit 예수회의 수도사

· lambskin 새끼양의 가죽

· lamppost 가로등의 기둥

· luge 루지(스위스식의 1인용의 경주용 썰매)

· man 성년의 남자

· Mendel's Law 멘델의 법칙

· an old man with white hair 백발의 노인

· Ramadan 라마단의 단식(斷食)(라마단=회교 달력의 9월)

· rhododendron 진달래과의 식물

· rhodora 북미산의 진달래의 일종

· Schopenhauer 독일의 염세철학자

- Seven Wonders of the World 세계의 7대 불가사의(不可思議)
- Taj Mahal 타지 마할〔인도 Agra에 있는 순백 대리석의 영묘(靈廟)〕
- torero 〔특히 척살역(刺殺役)의〕 투우사
- the twelve labors of Hercules 헤라클레스에게 주어졌던 열두 가지의 어려운 일
- wafer 제병(祭餠)(성찬용의 빵)
- A witness for the prosecution 검찰측의 증인

■ '-적인(-tic)'에서 '-인'은 굳이 쓰지 않아도 되는 글자이다. 습관처럼 '-적인'을 많이 쓰지만, 마치 퍼진 죽처럼 늘어지는 느낌이 든다.

예) · fighting Attitude 호전적인 태도
   · poetic Justice 시적인 정의
   · recession (일시적인) 경기 후퇴, 불황

■ '-하게'는 '-히'로도 쓰일 수 있다.
예) · juggle 교묘하게 다루다 → 교묘히 다루다
   · like one o'clock 활발하게, 명랑하게 → 활발히, 명랑히
   · meanly mouthed 완곡하게 말하는 → 완곡히 말하는

■ '-에 의해' 라는 수동 표현은 '-한테', '-에게' 로 바꿀 수 있다.

예) · Clytemnestra   정부 Aegisthus와 함께 남편을 죽이고 난
    후에 아들 Orestes에 의해 살해됨→ '-에게' 나 '-한테' 를
    쓰는 것이 더욱 우리말 답다.

■ -를(을)

예) · maul 상처를 입히다 → 상처 입히다

    · strike 파업을 하다 → 파업하다

    · swing the lead 꾀병을 부리다 → 꾀병 부리다

    · masked 가면을 쓴→ 가면 쓴

    · chairman 휠체어를 미는 사람 → 휠체어 미는 사람

■ -가

예) · fatuous 실체가 없는 → 실체 없는

    · fortunate 재수가 좋은 → 재수 좋은

    · out of sorts 활기가 없는→ 활기 없는

    · schwa 악센트가 없는 모음 → 악센트 없는 모음

■ -가 있는 → 달린

예) · The Winged Victory of Samothrace 날개가 있는 승리의
    여신상 → 날개 달린 승리의 여신상

· legged 다리가 있는 → 다리가 달린

■ -한
　· red herring 훈제한 연어 → 훈제 연어

■ -이
예)　· go(run) berserk 신들린 듯의 광포해지다 → 신들린 듯 광
　　포해지다
　· taintless 오점의 없는 → 오점 없는
　· malleable 순응성의 있는 → 순응성 있는
　· resilient 탄력성의 있는 → 탄력성 있는
　· resolutive 분해력의 있는 → 분해력 있는

인명, 지명 등을 표기하는 방법이 혼란스럽다

영한사전의 큰 결함 중 하나는 인명 · 지명 등의 표기가 제각각이라
는 것이며, 앞으로도 개선의 여지가 거의 보이지 않는다는 것이다.
이러한 표기의 혼란상은 미국 테니스 선수 Agassi를 '아가시', '애
거시'로, 오스트레일리아 선수 Hewitt를 '휴이트', '휴위트', '휴
잇'으로, 축구 감독 Coelo를 '쿠엘류', '코엘류'로 달리 표기하는
것만 보아도 충분히 짐작할 수 있다. 1983년 박갑수 교수는 〈현대
한국인의 외국어 사용과 반성〉이라는 글에서 television을 20명의
교수가 열세 가지(텔레비존, 테레비죤, 텔리비전, 텔리비존, 테레비전,
테리비쥰, 태래비존, 텔레비젼, 테레비죤, 태래비죤, 텔리비젼, 테레비지
언, 탤레비죤)로 표기한 것을 공표했다.

《문화일보》 2003년 9월 18일자 기사 〈도올의 思想기행 '피의 역
사와 로맨스가 함께 숨쉬는 런던탑'〉에서 글쓴이는 Sir Walter
Raleigh를 '월터 랄레이 경', Cambridge를 캠브릿지, 헨리 8세의
둘째 왕비 Anne Boleyn를 '앤 볼린', Katherine를 '캐더린', Tess

of the D'urbervilles를 '더버빌의 테스'로 잘못 표기하거나 잘못 번역하고 있다.

Raleigh는 '롤리(혹은 랄리)', Cambridge는 케임브리지, Boleyn은 '불린', Katherine은 '캐서린'으로 표기한다. Boleyn은 콘사이스형 영한사전에는 표제어로 나와 있지

앤 불린

않아 독자들이 어떻게 발음해야 할지 몰라 난감해질 수도 있다. 참고로 『랜덤하우스 英韓大辭典』에는 '불린'으로 나와 있다. th는 전에는 Arthur(아더)의 예에서처럼 'ㄷ'으로 표기했지만, 지금은 바뀌어 'ㅅ'으로 표기하기로 했으므로, 사전에는 '아서'로 써야 한다. the D'urbervilles는 지명(地名)이 아니고, '더버빌가(家)'란 뜻이니 『더버빌가(家)의 테스』가 올바른 번역이라 할 수 있다.

1) 인명, 지명 등의 불일치(不一致)

사전마다 인명과 지명의 표기가 각양각색이라면 독자들은 어떤 표기에 맞춰야 할지 혼란에 빠질 수밖에 없다.

Rio de Janeiro(Port. River of January)는 일곱 사전이 '리우데자네이루', '리오데자네이루', '리우 데 자네이루', 세 가지 표기법을 채택하고 있다. '리우데자네이루'로 표기하는 것이 가장 근접한

토스카나

것이다. '리우데자네이루'는 포르투갈어로 '1월의 강(江)'이란 뜻
인데, 이는 이 강을 1502년 1월에 포르투갈인 아메리고 베스푸치가
발견하여 명명한 것이다.

샌프란시스코 근처의 도시인 San Jose는 '새너제이'라고 표기하
는데, A신문은 '산호세', B신문은 '새너제이'라고 쓰니 한 지명에
대해 두 가지로 쓰이는 셈이다. 발음의 차이가 커서 독자는 각기 다
른 지명으로 여길 것이다. 미국식 발음으로는 '새너제이'가 맞다.

서인도 제도 카리브 해 동쪽 섬으로, 영연방 안의 독립국인
Barbados는 '바베이도스', '바르바도스', '바베이도즈', 세 가지로
쓰는 모습을 볼 수 있다. 바베이도스가 가장 근접한 표기이다.

이탈리아의 도시인 Toscana(토스카나)는 영어식으로 쓰면
Tuscany(투스카니)인데, 『프라임』과 『엘리트』, 『슈프림』에는 이탈
리아식 발음이 함께 나와 있지 않다.

아라스

지중해 서쪽에 있는 스페인령 발레아레스 제도(諸島)의 한 섬인 Majorca*(Sp. Mallorca)는 사전에는 발음 표기가 두 가지로 나와 있다. '마요르카'는 스페인어 발음이고, '마조르카'는 영어식 발음이다. 스페인어 발음으로 정리하는 것이 적절하다.

arras는 '아름다운 그림 무늬를 짜넣은 직물(아라스 태피스트리)'을 가리키는데, 프랑스 지명(地名)에서 딴 단어이므로, 프랑스 발음인 '아라스'로 표기하는 것이 맞다. 그런데 영어 발음인 '애러스'로도 표기한 사전도 있다. 이는 마치 에펠탑(Eiffel Tower)을 영어식으로 '아이펄탑'이라고 발음하면 제대로 알아듣지 못하는 경우와 같다.

---

* Majorca

엣센스	마요르카	프라임	마조르카
엘리트	마조르카	현대	마요르카
금성	없음	슈프림	지중해 서부의 Balearic 군도 중 가장 큰 섬(발음 표기 없음)
e4u	마요르카		

2) 외래어 표기의 원음주의 원칙

해방 이후 우리나라의 외래어 표기는 영어 발음에 바탕을 두어왔다. 그리하여 Paris는 '빠리'가 아니고 '파리'가 되어버렸다. 2004년 2월 6일 동아일보 주말 에디션에는 오트쿠튀르 쇼를 취재한 〈파리의 꿈〉이라는 제목의 기사가 실렸다. 저자가 잠시 제목만을 보고서 장자(莊子)의 나비꿈을 떠올렸다면 비약이 심한 걸까. 오히려 '빠리의 꿈'이라고 표기했더라면 곤충이 아닌 프랑스의 수도를 자연스레 떠올렸을 것이다.

최근에는 프랑스, 스페인, 러시아, 이탈리아, 그리스, 터키 등 다양한 나라에서 공부하고 돌아온 사람들이 많아지자 발음 원음주의에 따라 표기하기를 원하고, 또 그렇게 표기하려는 경향이 강해지고 있다. 특히 세계 대다수 국가에서는 경음(硬音, 된소리)을 많이 사용하고 있고, 한글은 그 소리들을 충분히 표기할 수 있는 능력이 있으므로, 우리가 경음을 그대로 표기한다면 한국어의 음역(音域)을 더욱 확장시킬 수 있을 것이다.

'푸슈킨'은 '뿌슈낀'으로, '톨스토이'는 '똘스또이'로, '도스토예프스키'는 '도스또예프스끼'로, '카라마조프'는 '까라마조프'로, '단테'는 '단떼'로, '카모엥스'는 '까모엥스'로 표기하는 것이 훨씬 원어 발음에 가깝다. 프랑스어는 까르푸, 뚜레주르(Tous les Jours), 까르뜨니뜨(Carte Knit), 리베르떼(Liberté) 등의 상표 이름

lotto

은 이미 경음으로 많이 표기되고 있다. 이탈리아어로는 최근 폭발적인 인기를 일으키고 있는 '로또'(lotto)가 있으며, 영어로는 '쏘나타(Sonata)', '싸이버 대학' 등이 있다.

지금 온 나라가 로또(lotto) 복권 때문에 야단법석인데, 영한사전에는 복권 이야기는 없고 카드놀이 이야기만 나온다. lotto*는 영어 lot(제비뽑기, 추첨)에 해당하는 이탈리아어이다. 그래서 발음이 '로토'가 아니고 '로또'가 맞다.

---

* lotto

엣센스	숫자를 맞추는 카드놀이의 일종
프라임	숫자카드 맞추기 놀이〔숫자 읽는 사람(caller)이 읽는 수와 자기 카드 숫자가 맞아서 일렬로 5개 나열하면 이김〕
엘리트	숫자가 기입된 카드를 맞추는 놀이
현대	로토(다섯 장의 숫자 카드를 깔아놓고 주머니 속에서 숫자가 적힌 패를 꺼내어 수를 맞추는 놀이)
금성	로토 : 보통 돈을 걸고 하는 숫자 맞추기 놀이. cf. BINGO(숫자를 적은 공을 배열하는 게임)
슈프림	숫자가 적힌 카드 5매를 깔아놓고 주머니 안에서 숫자가 적힌 표를 꺼내어 숫자를 맞추는 놀이
e4u	로토(숫자가 기입된 카드를 맞추는 놀이)

외국어대학교에서 출판한『伊韓辭典』에 보면 Lotto를 '1부터 90 까지의 숫자 가운데서 5개의 숫자를 뽑고, 그 숫자들 중에서 하나 이상을 맞춘 사람에게 상을 주는 복권놀이로, 회전식 추첨기인 ricota를 사용해야 한다.'라고 나와 있다.

영한사전을 찾아보면 Cambridge는 '케임브리지'라고 발음 표기 가 되어 있다. 그러나 널리 알려진 양복 상표 Cambridge는 '캠브 리지'로 표기한다. 사전 따로 현실 따로이다.

외래어 표기법에 따르면, Essence의 한글 표기는 '에센스'다. 그런데『엣센스 영한사전』이라고 제목을 붙여, 사전 자체가 표기법 에 맞지 않는 표기를 하는 것이 현실이다.

예전에 한국을 '동북아 중심 허브로 만든다'는 기사에서, 왜 hub 이 '헙'으로 표기되지 않고 '허브'로 표기되었는가에 대해 의문을 갖게 되었다. job을 '잡'이라고 표기한다면 hub도 분명히 '헙'으로 표기되어야 한다.

close-up의 발음은 '클로스 업', 정확히는 '클로우스 업'인데도 모두 '클로즈 업'으로 틀리게 표기해 놓았다. James는 이와는 반 대로 모두 '제임스'로 표기했다. [z]와 [s] 발음에 대해 일관성이 있어야 하는데, 신문에는 미국 국방장관 Rumsfeld[rʌ́mzfeld]는 '럼즈펠드'로 표기하면서 TV에서는 '럼스펠드'로 발음, 표기하고 있다. 미국 국무장관 Cheny[tʃéini](체이니)를 '체니'로 표기하는 데, 그렇다면 take-out도 '테이크 아웃'이 아니라 '텍 아웃'으로 표기해야 하는가? trot는 '트로트'(『금성』)와 '트롯'(『표준국어대사전』)으로 달리 표기하고 있다. bulldog은 '불독'이라고 표기하면서 hot dog은 '핫도그'라고 표기하니 무기준(無基準)이 기준이다.

2003년 1월 1일자 조선일보에는 '120살까지 살려면 무엇을 해야 할까?'란 제목으로 SBS 신년 특집 '장수비법'을 소개했다. 1부는 '현대판 불로초'인 성장호르몬, 2부는 소식(小食), 3부는 '100세 이상 장수인들의 유전자와 사인(死因)을 살피고, 성생활과 장수의 상관관계를 영국 에딘버러 의대 연구 결과를 중심으로 검증한다'고 했다. 그런데 Edinburgh는 영한사전에서 '에딘버러'와 '에든버러' 두 가지로 표기되어 있다. 국립국어연구원 편 『표준국어대사전』을 찾아보니 '에든버러'로 나와 있다.

영국 옥스퍼드를 중심으로 1942년에 발족되어 세계 각지로 퍼진 빈민구제기관 Oxfam(Oxford Committee for Famine Relief)을 신문과 TV에서는 '옥스팜'이라고 표기하거나 발음했는데, 영한사전을 펼쳐보면 금세 '옥스팸'임을 알 수가 있다.

또한 영한사전에 Oxford는 '옥스퍼드'로 표기되어 있는데, 옥스퍼드 대학교의 출판물들을 다루는 Oxford University Press는 '옥스포드 출판부'로 표기하고 있다.

Greenwich(그리니지)는 본초자오선의 기점 그리니지 천문대가 있는 템즈강 남안(南岸)의 한 지명이다. '그리니지'라는 발음을 따르는 것이 바람직할 것 같으나 우리 영한사전들은 『금성』을 제외

다양한 초콜릿 표기들

한 모든 사전들이 '그리니치'로 표기하고 있다.

외래어를 표기할 때 골치 아픈 글자는 F이다. F를 'ㅍ'으로 표기하도록 되어 있지만, 'ㅎ'으로 표기하는 사람들도 많다. Fila도 f 발음 표기를 'ㅍ'으로 하지 않고 'ㅎ'으로 해 '휠라'로 표기하고 있다. Fitness Club(휘트니스 클럽), Ferum(훼럼) 등도 그 예가 될 수 있으며, F를 'ㅍ'으로 표기하지 않는 또 다른 예는 상처·부스럼·화상에 바르는 연고인 '후시딘(Fucidin)'이다. 그런데 그 이름 바로 아래에 성분을 기록하는 곳에는 '푸시딘산 나트륨'이라고 적어놓았다. 이것은 마치 chocolate 포장지에 '초코렐', '초컬릿' 두 가지 표기를 해놓은 경우와 너무나 비슷하다.

북한에서는 f를 'ㅎ'으로 표기하는데, 예외는 France(프랑스)이다. 18세기 영국 시인 Fielding은 '휠딩', 프랑스 곤충 학자 Fabre '화브르', Franklin은 '흐랭클린', flute는 '흘류트', Freon 가스는

'흐레온', Fabian Society는 '훼이비언 협회', Cedar Falls는 '씨더 홀즈'(미국 아이오와 주 중부의 도시)로 표기하고 있다.

이탈리아 서북부에 있는 피에몬테주(州)의 주도(州都)인 토리노(Torino)는 영어로는 Turin이다. 『엣센스』에서는 '튜린, 토리노', 『프라임』에서는 '투린, 토리노'로 표기하고 있는데, 순서를 바꿔 이탈리아어 발음부터 표기하는 것이 좋을 것이다. 이탈리아 자동차 생산의 85%가 이곳에서 이루어지며, 특히 산 지오반니 대성당은 십자가에서 내린 후 예수의 몸을 감쌌던 수의(shroud)가 들어 있다는 유골 단지를 보존하고 있는 것으로 유명하다.

이탈리아어에서는 모음과 모음 사이에 s가 있을 경우 [z]로 발음한다. 그래서 Mona Lisa를 '모나 리자'로 표기한다. 그런데 The Leaning Tower of Pisa, 즉 '피사의 사탑(斜塔)'에서는 '피사'로 표기하고, 유명한 테너 카루조(Caruso)는 '카루소'로 표기하여 혼란스럽다.

외래어 표기에서 모음 표기도 혼란스럽기는 마찬가지이다. 최근 신문과 TV에 자주 오르내리는 단어인 agenda가 있는데, 신문마다 '아젠다', '어젠다', '어젠더' 등으로 다양하게 쓰고 있다.

나라 이름을 표기할 때 England, Ireland, Scotland는 각각 '잉글랜드', '아일랜드', '스코틀랜드'로 표기하면서, Poland와 Netherlands, Iceland, Greenland를 '폴란드', '네덜란드', '아이

슬란드', '그린란드'로 표기하는 것은 일관성이 없다.

Tibet*도 '티벳', '티베트', 두 가지로 표기하고 있는데, 이와 비슷한 예로 Hamlet, Lot 등을 들 수 있다. Lot만 해도 성경에 나오는 사람은 '롯'으로 표기되어 있고, 최근 인종차별주의적 발언으로 사임한 미국 공화당 원내총무 Lott는 '로트'로 조선일보와 동아일보에 소개되고 있다. 만약 Tibet를 '티벳'으로 표기한다면, 비슷한 사례인 trot는 '트롯'이 되어야 하는데, '트로트'로 표기하고 있다. internet은 '인터넷'으로, network는 '넷워크' 혹은 '네트웍'이 아닌 '네트워크'로 표기하고 있다.

'김치**'도 kimchi, kimchee, kim chee, gimchi, 네 가지로 표기되는데, 어떤 것으로 표기를 통일할지 의견을 모아야 할 것이다. 참고로 『e4u』에는 gimchi가 추가되어 혼란을 부추기고 있다. 2002년에 개정된 영문 표기로는 gimchi가 되는데, 외국인들이 '김

* Tibet

엣센스	티베트	프라임	티베트
엘리트	티벳	현대	티베트
금성	티베트	슈프림	티벳
e4u	티베트		

** Kimchi

엣센스	kimchi, kimchee	프라임	kimchi, kimchee, kim chee
엘리트	kimchi(kimchee)	현대	kimchi, kimchee
금성	kimchi (또는 kimchee)	슈프림	kimchi, kimchee
e4u	kimchi (또는 gimchi)		

치'로 읽을지 '짐치'로 읽을지 알 수 없다. 월드컵 축구 때에도 Korea를 Corea로 표기하여 우리나라를 홍보하는 효과가 줄어들기도 했다.

일본 쇼가쿠칸(小學館)에서 간행한 『*Random House English-Japanese Dictionary*』(제2판, 1994)에는 김치에 관한 설명이 잘못 나와 있다.

Kimchi 〔朝鮮料理〕キムチ：朝鮮の漬ヶ物の總稱.
起源については，中國の記錄では周代(約3000年前)文王の時代に菖蒲を鹽藏して食べ始めたとあり，また韓國では高麗時代(<u>紀元前918~1392年</u>)から漬けて食べ始めたのでないかといわれている.
しばしば Korean marinated cabbageと說明されている.（また Kimchee, Kim chee）

Kimchi 〔조선요리〕 기무치 : 조선의 저린 것의 총칭.
기원에 관해서는 중국의 기록으로는 주대(약 3000년전) 문왕 시대에는 창포를 염장하여 먹기 시작했다고 하며, 한국에서는 고려시대(<u>기원전 918~1392년</u>)부터 절여서 먹기 시작한 것이 아닐까라고 말해진다. 자주 Korean marinated cabbage라고 설명되고 있다.(또 Kimchee, Kim chee)

일본판 사전은 고려시대를 '기원전'이라고 잘못 기록했다. 한국사를 전공한 일본인이 아니면 틀리기 쉽다. 5, 6년 전에 이 오류를 지적하여 일본 출판사에 편지를 보냈더니 감사하다는 답장이 왔다.

Arthur*는 전에는 '아더'로 표기했지만, 지금은 『금성』과 『슈프림』을 제외하고는 모두 '아서'로 표기하고, 『외래어표기 용례집』에도 '아서'로 나와 있다. 그런데도 2003년 1월 17일 케이블 TV 히스토리 채널에서 방영한 『캐멜롯』에서는 여전히 '아더' 왕으로 나왔다. Arthur를 '아서'로 표기하면 자연히 MacArthur**(=son of Arthur)는 '맥아서'라고 해야 하는데, 여전히 '맥아더'로 표기하고 있다.

『슈프림』은 표제어 Arthur(아더) 바로 밑에 있는 형용사형 Arthurian에는 '아서왕의'라고 표기하여 일치하지 않는 모습을 보여준다.

Othello도 전에는 '오델로'로 표기했지만, 1985년부터는 '오셀로'로 바뀌었다. 그런데 여전히 '오델로'로 표기하는 사람들이 많

---

* Arthur		** MacArthur	
엣센스	아서	엣센스	맥아더
프라임	아서	프라임	맥아더
엘리트	아서	엘리트	표제어에 없음
현대	아서	현대	맥아더
금성	아서	금성	맥아더
슈프림	아더	슈프림	발음표기 없음
e4u	아서	e4u	맥아더

다. 마찬가지로 Macbeth도 예전에는 '맥베드'로 표기했지만 지금은 '맥베스'라고 쓴다. 그런데 축구용어 throw-in(스로인)을 지금도 '드로인'이라고 말하고 있어 통일이 이루어지지 않은 것을 볼 수 있다.

역사상 최대의 정복자로 일컬어지는 몽골제국(원나라)의 Genghis Khan의 발음 표기는 실로 다양하다. 일곱 사전 중 한 사전에는 표제어로 들어 있지도 않고, 6권의 사전에서는 칭기즈칸, 징기스칸, 칭기즈 칸 등 발음 표기가 가지각색이다. 북한의『영조대사전』에는『칭기스한』으로 나와 있다.

겐큐샤『リーダーズ英和辭典』에는 '칭기스한(チンギスハーン)'으로 나와 있다. Genghis Khan은 무슨 뜻인가?『세계대백과사전』에는 다음과 같이 나와 있다. '1189년 무렵 몽골 씨족 연합의 맹주로 추대되어 칭기즈 칸이라는 칭호를 받게 되었다. 칭기즈란 말은 고대 터키어인 텡키스(바다)가 와전된 것이라고도 하고, 1206년 즉위할 때까지 5색 서조(瑞鳥)가 '칭기즈'라고 울었다는 데서 유래되었다고도 한다. 샤마니즘의 '하늘의 아들'이라는 영체(靈體)의 이름으로 해석하는 것이 유력하다.'

우리가 발음 표기를 고쳐 제대로 정립해 나갈 수 있는 마지막 기회는 남북통일이 이루어지는 때가 아닐까 생각한다. 그때에 대비해 우리는 영어발음 중심주의에서 벗어나 세계의 모든 나라들의 경음을 받아들일 준비를 해야 할 것이다.

실제로 북한에서는 이미 외국어의 경음을 경음 그대로 표기하고 있다. '폴란드(Poland)'를 '뽈스까', '사이프러스(Cyprus)'를 '끼쁘로스', '울란 바토르(Ulan Bator)'를 '울란 바따르', '산티아고(Santiago)'를 '싼띠아고', '프라하(Prague)'를 '쁘라하', '스페인(Spain)'을 '에스빠냐' 등으로 표기하고 있다.

남한에서조차 외래어 표기법을 제대로 파악하지 못한 상태에서 Sonata는 '쏘나타'로, 농구 선수 Brito는 '브리또'로, lotto는 '로또'로 표기하는 등, 옷 이름, 가게 이름 등에 경음 표기를 많이 쓰고 있다.

한국어 중 외국에서 가장 인기 있는 단어는 '태권도(跆拳道)*'이다. 영한사전에서 태권도를 찾아보면, tae gwon do, taegwondo, tae kwon do, taekwondo가 뒤섞여, 어느 것을 사용해야 할지 헷갈릴 지경이다. 2004년 5월 28일자 신문에 이규석 아시아태권도연맹 총장이 『*Taekwondo & World Martial Arts*』를 출간했다는 기

---

* 태권도

엣센스	tae gwon do, taegwondo
프라임	tae kwon do, taekwondo
엘리트	tae kwon do
현대	tae kwon do
금성	taekwondo
슈프림	taekwondo
e4u	tae kwon do

태권도

사가 실렸는데, 『e4u한영사전』에서는 '세계태권도연맹'을 'The World T'aekwondo Federation'으로 번역해 놓았다. '태권도'를 영어로 옮길 때 『엣센스한영사전』은 'the Korean martial art of empty-handed self-defence'로, 『프라임한영사전』은 'the Korean art of (empty-handed) self-defence'로 각기 달리 번역해 혼란스럽다. '태권도' 영문 표기부터 시급히 정리를 해야 할 것이다.

3) 그리스어 · 라틴어 · 이탈리아어 등의 발음 표기 혼란

외래어의 발음은 원어 발음으로 표기하는 것이 원칙인데, 그렇지 않은 경우가 많고, 특히 그리스어 · 라틴어 표기는 거의 일정한 기준이 없이, 어떤 것은 그리스어나 라틴어 발음으로, 어떤 것은 영어 발음으로 표기되어 있어 무척 혼란스럽다.

『일리아스』 및 『오뒷세이아』의 작가인 Homer*(호메로스)의 경

호메로스

우, 한 사전 안에서 Homer라는 인명은 그리스어 발음으로 표기하고, 책이름은 영어식으로 표기하여 혼란스럽다. 호메로스의 서사시의 원제목은 『*Iliad*』와 『*Odyssey*』가 아니고 '『*Ilias*』(일리아스)', 『*Odysseia*』(오뒷세이아)이다. Homer는 그리스어 '호메로스'로 표기하면서, 그리스 우화 작가 Aesop은 '아이소포스'로 표기하지 않은 것 또한 일관성이 없다.

다른 예로는 그리스 최고의 예언자이자, Thebes의 장님인 Tiresias(티레시아스)를 들 수 있다. 여기서 Thebes는 영어로 표기한 것이므로 그리스어인 '테바이'(Thebai)로 고쳐야 하고, '티레시아스(영어 발음, 타이리시어스)'도 그리스어 '테이레시아스

* Homer

엣센스	호메로스, 호머(*Iliad* 및 *Odyssey*의 작자로 전해짐)
프라임	호메로스, 호머(*Iliad* 및 *Odyssey*의 작자로 전해짐)
엘리트	호머, 호메로스
현대	호머
금성	호메로스, 호머
슈프림	호머, 호메로스
e4u	호머, 호메로스

테이레시아스   세이렌

(Teiresias)'로 고쳐야 일관성이 있다.

Chimera*는 그리스어로는 키마이라(Chimaira)인데, 『e4u』이 외엔 모두 키메라로 틀리게 적고 있다. 영어로는 '키마이러' 혹은 '카이마이러'로 발음한다.

Siren(Gk. Seiren)은 그리스 신화에 나오는 여자의 머리를 가진 거대한 새〔鳥〕인 세 명의 바다 괴물을 가리킨다. 호메로스의 『오뒷 세이아』에 처음으로 나오며, 시칠리아 근처의 작은 섬에 살면서 매

---

* Chimera (Gk. Chimaira, Fr. Chimère)

엣센스	키메라(사자의 머리, 염소의 몸, 뱀의 꼬리를 한 불을 뿜는 괴물)		
프라임	〔그神〕 키메라(불을 뿜는 괴물)		
엘리트	키메라	현대	키메라
금성	키메라	슈프림	발음 표기 없음
e4u	키마이라, 키메라		

혹적인 노래를 불러 넋을 잃게 한 다음 배를 난파시킨다. 로렐라이 (Lorelei)는 독일판 세이렌이라 할 수 있다. 영한사전에는 거의 모두 영어식으로 '사이렌' 이라고 발음하고 있다.

트로이아 전쟁의 영웅 『일리아스』의 주인공 아킬레우스(Gk. Achilleus)가 그리스어 발음으로 맞게 표기된 사전이 한 권도 없다. 모두 '아킬레스' 라고 적혀 있다.

고대 그리스에서 아폴론 신탁으로 유명했던 델포이(Delphi, Gk. Delphoi). Delphi*의 발음 표기는 두 사전이 틀렸다. '델포이' 로 표기한 사전들도 Delphi는 그리스어 발음으로 표기하고, 다른 해설 내용의 용어는 영어 철자를 썼다. 그리스어로 아폴로(Apollo)는 아폴론(Apollon)이어야 한다.

트로이아 전쟁의 영웅 뮈케나이 왕 아가멤논의 아내 클뤼타임네스트라(Clytemnestra, Gk. Klytaimnestra)는 '클리템네스트라' 혹은 '클라이템네스트라' 로 표기했는데, 모두 잘못되어 있다.

Plutarch**(Gk. Plutarchos)는 그리스의 유명한 전기 작가이자 역

---

* Delphi

엣센스	델포이(그리스의 옛 도시 ; 유명한 Apollo 신전이 있었음)
프라임	델포이(그리스의 옛 도시 ; Apollo 신전이 있었음)
엘리트	델피(아폴로 신전이 있었던 고대 그리스의 도시)
현대	델포이(신탁으로 유명한 Apollo 신이 있었던 도시
금성	델피(Apollo 신전이 있던 그리스 고대 도시)
슈프림	발음표기 없음
e4u	델포이(Apollo의 신전이 있었던 고대 그리스의 도시)

사가이다. 『플루타크 영웅전(英雄傳)』(*Parallel Lives of Illustrious Greeks and Romans*)으로 널리 알려져 있는데, 영한사전에는 '플루타크', '플루타르크', '플루타르코스', 세 가지로 표기되어 있다.

사전을 살펴보니 Narcissus*(Gk. Narkissos, 나르킷소스)를 프랑스어 Narcisse(나르시스)를 수록한 사전도 있다. '나르시소스'라고 표기한 사전도 있는데, 이는 그리스어도 아니고 영어도 아닌 국적 불명의 발음으로 들린다.

Hercules(Gk. Herakles, Lat. Hercules)는 '헤라클레스 (Herakles)'의 라틴어 표기이며 영어는 그 표기를 이어받은 셈이 된다. 라틴어로는 '헤르클레스', 영어 발음은 '허클리즈'이다. 『프라임』, 『현대』만이 올바르게 표기했다. 그러나 두 사전 모두 'Hercules beetle(헤라클레스 풍뎅이)'을 '헤르클레스 장수풍뎅이'로 틀리게 표기했다.

....

** Plutarch

엣센스	플루타르크	프라임	플루타크
엘리트	없음	현대	플루타코스, 플루타르크
금성	없음	슈프림	플루타크
e4u	플루타르코스, 플루타크		

* Narcissus

엣센스	나르시스	프라임	〔그神〕 나르시스, 나르키소스
엘리트	나르시스	현대	나르시소스
금성	나르시소스	슈프림	발음표기 없음
e4u	나르시스		

Maenad*(Gk. mainas=
mad woman)는『*Dictionary
of Classical Mythology*』에
보면 "*Maenads* same as
Bacchae, Bacchantes.
Female followers and
priestesses of Bacchus."라
고 나와 있다. 디오니소스(박

마이나스

코스)를 따르는 추종자를 뜻하는 그리스어로 마이나스라고 하는데,
그들은 숲과 산에 살면서 짐승가죽과 담쟁이덩굴 옷을 입었다. 술
에 취해 격정적인 춤을 추면서 맨손으로 동물을 죽이기도 했다. P.
B. 셸리의 〈서풍부〉(Ode to the West Wind)에 Maenad가 나온다.
그러나 이에 대한 제대로 된 발음표기가 실려 있지 않다.

Alexander가 그리스어 발음 '알렉산드로스'로 표기된 사전은 단
한 권도 없다. 그리스어로 Alexander the Great는 '알렉산드로스

---

* Maenad

엣센스	마이나스[Bacchus의 시녀(bacchante)]
프라임	=Bacchante[바커스 신의 사제(司祭)신도]
엘리트	주신 바커스의 시녀[무녀(巫女)]
현대	주신 Dionysus의 무녀
금성	=bacchante
슈프림	주신 Bacchus의 제사(祭司)(bacchante)
e4u	=bacchante; 발음표기 없음

대왕(大王)'이다. 내가 알기로는 『알렉산드로스, 침략자 혹은 제왕』라는 책에서 처음으로 '알렉산드로스'가 사용된 것 같다.

일곱 사전 중 Oedipus*를 그리스어 발음으로 표기한 것은 여섯 사전이지만, Oedipus complex는 두 사전을 빼고는 전부가 틀리게 표기했다. Oedipus는 그리스어로는 Oidipous이다.

Europa**(에우로페, Gk. Europe)는 페니키아 공주 Europe와 제우스 사이에 태어난 자식들이 산 지역으로, '저무는 해의 땅'(the land of the setting sun)이라는 뜻이다. 발음이 제대로 표기된 것은 『엣센스』뿐이다.

트로이아 전쟁의 불씨가 된 절세미녀 Helen***은 『엣센스』와 『프라임』에는 영어 발음이 표기되어 있고, 다른 다섯 사전은 그리스어

---

*	**Oedipus** 오이디푸스	**Oedipus complex** 오이디푸스콤플렉스
엣센스	오이디푸스	에디퍼스 콤플렉스
프라임	오이디푸스	오이디푸스 콤플렉스
엘리트	에디푸스	에디푸스 콤플렉스
현대	오이디푸스	에디퍼스 콤플렉스
금성	오이디푸스	에디푸스 콤플렉스
슈프림	오이디푸스	에디푸스 콤플렉스
e4u	오이디푸스	오이디푸스 콤플렉스

** Europa(Gk. Europe)

엣센스	에우로페, 유러파		
프라임	유로파(Zeus의 사랑을 받은 Phoenicia의 왕녀)		
엘리트	유러파, 에우로파	현대	에우로파
금성	에루로파	슈프림어	없음
e4u	에우로파		

발음으로 적혀 있다. 그런데 남편인 '메넬라오스' 왕의 이름은 라틴어로, '트로이아' 는 영어철자(Troy, 트로이)로 되어 있어, 영어와 그리스어 발음이 섞여 있는 셈이다.

Pluto(Gk. Pluton, Lat. Pluto, 〔英〕 Pluto)는 하계왕 하데스 (Hades)의 칭호로, 그리스어 발음으로 '플루톤' 이라고 해야 옳다. 플루토는 라틴어, 영어 발음이다. '부유한 자' 라는 뜻의 이름은 '부 (富)를 주는 자' 라고도 해석되는데, 모든 부가 땅속에 많고 그가 지하(地下)의 신(神) 이기 때문이다.

고대 그리스에 두 번이나 원정(遠征) 갔다가 마라톤에서 패한 페루시아 왕 다레이오스*(Dareios 〔英〕 Darius, 558?~486 B.C.)의

*** Helen

엣센스	[그神] 헬렌(Sparta왕 Menelaus의 왕비 ; Paris에게 납치되어 Troy 전쟁의 발단이 됨)
프라임	헬렌(Sparta왕의 아내로 절세미녀 ; Troy 왕자 Paris에게 잡혀가 Troy전쟁이 일어났음)
엘리트	헬레네[스파르타 왕 메넬라우스(Menelaus)의 비. 뒤 Troy의 왕자 파리스(Paris)에게 끌려감으로써 Troyan War가 일어났다]
현대	헬레네(Sparta왕 Menelaus의 처로 절세의 미인 ; Troy 왕자 Paris가 데려갔기 때문에 Troy 전쟁이 일어났음)
금성	헬레네 : 트로이 전쟁의 원인이 된 미녀
슈프림	헬레네
e4u	헬레네

* Darius(Gk. Dareios)

엣센스	다리우스	프라임	다리우스
엘리트	없음	현대	다리우스
금성	없음	슈프림	남자 이름
e4u	다리우스		

이름이 모두 틀렸다. 영어 발음은 '더라이어스'이고, '다리우스'는 라틴어 표기이다.

영어의 Plato가 그리스어로 Platon이듯이, 그리스 철학자 Zeno of Elea는 그리스어로는 '제논'이다. 그런데 그리스의 지리학자 Strabo는 그리스어로는 '스트라본'인데, '스트라보'로 표기하는 사람이 많다. Strabo는『엣센스』,『프라임』,『엘리트』를 비롯해 콘사이스류 영한사전에는 표제어로 나와 있지도 않다.

Jupiter의 경우, 로마 신화의 최고신인 유피테르와 유노가 라틴어 발음이 아닌 영어 발음으로 표기되어 있다.

그리스 신화의 시신(詩神) Muse(Gk. Mousa, 무사)가 그리스어 발음인 '무사' 대신, 영어 발음 '뮤즈'로 표기되어 있다.

Naples는 '나폴리'라고 이탈리아어 발음으로 표기하고, Sardinia는 이탈리아어 '사르데냐'로 표기하지 않고 영어식 발음 '사르디니아'로 표기하는 건 일관성이 없다.

조지 오웰의 스페인 내란 종군기인『카탈로니아 찬가』에서 '카탈로니아(Catalonia)는 스페인어로는 '카탈루냐', 정확히는 '까딸루냐'이다. 영한사전들 대부분이 영어발음인 '카탈로니아'로 표기하고 있다.

새로운 국제음성기호의 도입이 필요하다*

우리나라 영한사전이 1945년경부터 국제음성기호(IPA)를 통해 발음 정보를 제공해 온 것은 영어 발음 교육상 다행한 일이다. 더러 초보 학습자용 사전에 한글로 영어 발음을 표시한 것이 있었지만 그것은 영어 발음 교육에 극히 해로운 것이었다. 교사나 부모가 이런 사전 사용을 금해야 마땅할 것이다. 영한사전에 따라 (1) 영국 표준음 채택 (2) 영 · 미 발음 병기 (3) 미국 발음 채택 같은 차이는 있을지라도, 기본적으로 대니얼 존스(D. Jones)의 『영어음성학개론(*An Outline of English Phonetics*)』에서 쓴 간략표기(簡略表記) 체계에 준하여 20세기 후반기 내내 발음 표기를 해왔다.

그러나 이 체계는 다소 문제점이 있다고 여겨져, 세계 음성학계

---

* 국제음성학회(International Phonetic Alphabet Association)는 1886년에 설립되었으며, 유명한 덴마크의 언어학자 겸 영어학자 오토 예스페르센(Otto Jespersen, 1860~1943)의 제의로 국제음성기호(國際音聲記號, International Phonetic Alphabet)를 제정했고, 본부는 런던 대학에 있다.

에서 이제는 별로 쓰지 않는 구(舊) 체계가 되어버렸다. 대니얼 존스가 그의 다른 책『영어 발음(*The Pronunciation of English*, 제4판, 1956)』에서 다른 발음 기호, 즉 모음정밀표기(narrow transcription) 체계를 사용했는데, 이러한 체계를 김슨(A. C. Gimson)이 1962년에『영어 발음 서설(*Introduction to The Pronunciation of English*)』초판을 내면서 새롭게 채택했다. 영어 음성학계에서도 이 책의 영향력이 막대해짐에 따라『혼비 영어사전』(*Oxford Advanced Learner's Dictionary of Current English*, 초판 1948, 재판 1963)도 1974년 제3판부터는 종전의 간략표기 구체계를 버리고 정밀표기 신(新) 체계를 택하여 지금에 이르고 있다. 이 사전의 보급률은 세계적으로 대단히 높아서 전공학자뿐 아니라 전세계 일반 영어 학습자들에게 이 신체계가 이미 친숙해졌다. 신·구 체계 모음 기호 대조표를 보면 다음과 같다.

---

*를 붙인 것은 구체계와 기호가 다른 것임.

예어(例語)	구(舊)체계	신(新)체계
1 bead	iː	iː
2 bid	i	ɪ*
3 bed	e	e
4 bad	æ	æ
5 bard	ɑː	ɑː
6 bond	ɔ	ɒ*
7 board	ɔː	ɔː
8 book	u	ʊ*
9 booed	uː	uː
10 bud	ʌ	ʌ
11 bird	əː	ɜː*
12 about	ə	ə
13 bay	ei	eɪ*
14 buy	ai	aɪ*
15 boy	ɔi	ɔɪ*
16 boat	ou	əʊ*
17 bound	au	aʊ*
18 beer	iə	ɪə
19 bear	ɛə	eə
20 boor	uə	ʊə*

그러면 정밀표기 신체계가 영어 학습자에게 더 유리한 점은 무엇인가? 예를 들어 bead와 bid 모음 표기를 비교하면 구체계의 / i:/ 와 / i /는 똑같은 기호에 길이 표시 유무 차이만 있어 두 모음 음질이 똑같다는 인상을 주지만, 발음의 실상은 그렇지 않다. 즉 bid 모음은 bead 모음보다 입을 더 벌리고 입술과 뺨의 긴장을 풀고 발음해야 하는데, 그 길이가 길고 짧은 것은 다만 부수적 현상이기 때문에 그것을 무시해도 단어 뜻 구별에 지장이 없다. 그래서 긴요한 개구도(開口度)와 긴장도의 차이를 뚜렷이 나타내기 위해 / i:/ 와 / ɪ /처럼 딴 기호를 쓰면 정확한 발음 유도에 도움이 된다. pool 과 pull의 모음도 마찬가지다. 즉 구체계 / u: /와 / u /대비(對比) 보다 신체계 / u: /와 / ʊ / 대비가 정확한 발음 유도에 유리하다.

한편 우리나라 영한사전은 '강세 표시'에도 문제가 있는데, 가령 probably, expense에 ′ 표시를 하면 우리나라 학습자들은 '외국어 한글 표기'처럼 음절 경계를 잘못 잡을 염려가 있다. 즉 / prɔ́bəbli / 에서 강세기 첫머리 / P- /부터 시작되는 줄 모르고 /-rɔ- /부터 시작하고, / ikspénsiv /에서 강세는 / -s- /부터 시작되는 줄 모르고 / -pen- /부터 시작하는 잘못을 저지르기 쉽다. 그러므로 / ′prɔbəbl /과 / ik′spensiv / 같은 음절 경계선 강세표시 체계가 정확한 발음 유도에 역시 더 유리하다. 이미 신체계 발음기호를 채택한 겐큐사의 『新英和大辭典(*English-Japanese Dictionary*, 1988)』] 과 같은 일본 영어사전 강세 표시만은 재래식으로 모음 위에 하고 있는데, 21세기 영한사전은 모름지기 신체계 발음기호 도입과 아울러 강세 표시도 음절 경계선(음절 첫머리)에 찍는 명쾌한 방식을 채택했으면 한다.

우리나라에 이 분야의 전문 음성학자가 있지만, 국내 어느 출판사도 영한사전 발음 기호 문제로 음성학자에게 협조를 요청해 온 적은 없다고 한다. 지금 만시지탄이 있으나, 다른 나라보다 한 세대쯤 뒤떨어진 영어 발음 표기 체계를, 국내 영한사전 출판사들이 앞다투어 혁신해 나갔으면 한다.

옥스퍼드 대학 출판부의 『*The Oxford English Dictionary*』는 제2판(1989년)부터 IPA(국제음성학회)의 발음기호를 채택했다.

영한사전의 역사

서양 외국어사전*편찬의 필요성은 우리가 서양을 알아야 할 필요성
에 연유했다기보다는 서양인이 기독교 선교를 목적으로 그들이 그
러한 사전을 더욱 필요로 했기 때문이었다. 천주교가 조선에 들어

---

* 오쿠라 신페이(小倉進平)의 『朝鮮語學史』(1920, 1964)에 의하면, 서양 외국어사전
의 출현(1874~1914)은 다음과 같다.

1874 M. 푸칠로, 『러시아어-조선어 사전』. 한국 최초의 유럽어-한국어 대역(對譯)사
전(서울대학교 도서관 소장)

1880 『한불ㅈ뎐 韓佛字典』(『*Dictionnaire Coréen-Français*』, par les Missionnaires
de Coréen de la Societé des Missions étrangères de Paris)

1890 H. G. Underwood, 『*A Concise Dictionary of the Korean Language*』(한국
어, 영어 대조의 최초 사전. 英韓, 韓英 2부(2卷)로 구성되어 있다 :
제1권, Korean-English(『韓英字典』), 196pp. Yokohama(橫濱).
제2권, English-Korean(『英韓字典』), 293pp. Yokohama(橫濱).

1890 H. G. Underwood, 『*A Concise Dictionary of the Korean Language*』, in
two parts, Korean-English and English-Korean. Yokohama. (學生版,
Student edition. 앞의 두 판을 합철한 것)

1891 James Scott, 『*English-Korean Dictionary*』(『英韓字典』), 354pp. 서울)

1891 『羅鮮小辭典』. 『*Parvum vocabularium ad usum Studiosae juventutis
Coreanae*』. Hong Kong.

1897 J. S. Gale(奇一), 『*A Korean-English Dictionary*』(『韓英字典』, 초판

온 것은 선조(宣祖, 재위 1568~1608) 이후이며, 정조(正祖, 재위 1777~1800)에서 순조(純祖, 재위 1801~1834)에 이르는 동안 신도들이 많이 늘어났다. 특히 헌종(憲宗, 재위 1834~1849) 초부터는 프랑스 천주교 선교사들이 계속 조선에 들어와 많은 신자들을 얻게 되었지만, 반면에 기독교가 국체(國體)를 파괴하는 사교(邪敎)라고 여기는 사람도 있어, 국가에서 기독교의 포교를 금지하기에 이르렀으며, 드디어 대원군(大院君)은 기독교도의 대량학살을 자행했다.

외국인 사전 편찬자 중 큰 업적을 남긴 펠릭스 클레르 리델(Felix Clair Ridel, 1830~1884, 한국 이름 李福明)은 1830년 7월 7일 프랑스 낭트에서 태어나 1857년 12월에 사제품을 받았다. 외방전교회*(La

---

Yokohama) 사전부분은 제1편 『*Korean-English Dictionary*』. 제2편은 『*Chinese-English Dictionary*』로 되어 있다.

　제2판(1911). Yokohama. 『韓英字典』(1897)을 정정증보(訂正增補)한 것. 약 82,000단어. 책이름도 『*The Unabridged Korean-English Dictionary*』(『韓英大字典』)로 변경되었다.

1897 John W. Hodge, 『*Korean Words and Phrases*』, 京城.

1901 Charles Alévêque, 『*Petit Dictionnaire Français-Coréen*』(『法韓辭典』, 東京).

1914 George Heber Jones, 『*An English-Korean Dictionary*』(『韓英字典』, 東京)

* 교황청 포교성이 1658년 포르투갈과 스페인의 포교상의 보호권을 분쇄하기 위해 프랑스 선교사들의 포교열을 이용하여 선교단체를 창설하고, 주로 아시아 지역에 종신 선교사를 파견한 선교단체. 이 선교단체의 특징은 선교사들이 일정 지역에 종신토록 머물면서 그 지역 회장을 임명하여 포교에 활용하고, 그들 중 성직자가 될 수 있는 사람을 선발하여 방인(邦人) 성직자를 양성함으로써 그들에 의해 교회가 운영될 수 있도록 한다는 데 있다.

Société des Missions Etrangères de Paris)에 들어가 1860년 7월 27일 조선을 향해 떠났다. 1861년 3월 31일(31세)에 조선으로 와서 베르뇌(Berneux, 張敬一) 주교와 다블뤼(Daveluy, 安敦伊) 보좌 주교를 만나고 충청도 공주 지방을 맡게 되었다. 그런데 병인년(丙寅年, 1866년)에 일어난 대박해 때 두 주교와 다섯 명의 신부를 잃게 되었지만, 리델 신부는 피신하여 체포를 면했다. 리델 신부는 1866년 7월 7일 중국 치푸에 도착하여 프랑스 함대 사령관 로즈(Rose) 제독을 만나 구원을 요청했고, 로즈 제독은 세 척의 군함을 이끌고 9월 20일 강화도에 이르니 이것이 병인양요(丙寅洋擾)이다.

1869년 6월 25일 리델은 제6대 조선 교구장(1869~1884)에 임명되었고, 1870년 초 로마로 가서 주교 성성식을 갖고 1871년 7월에 상해로 돌아왔다.

리델은 조선 입국하려던 것을 중단하고, 『한불ᄌ뎐(韓佛字典)』* (*Dictionnaire Coréen-Français*, 1880)과 『한어문전』**(朝鮮語文法, *Grammaire Coréene*, 1881)을 쓰기 위해 요동반도의 어느 시골에서 조선 재입국을 기다리는 동안 동행한 조선인 교도 최지혁(崔智爀)

* 최초의 한불사전.
** 프랑스의 선교사 리델이 지은 문법책. 4·6배판 328쪽 안팎으로 1881년 일본 요코하마(橫浜)에서 펴냈다. 내용은 품사론·통사론으로 나누었으며, 권두에 머리말·서론, 권말에 부록·연습문제가 실려 있다. 품사는 관사·명사·형용사·대명사·동사·부사·전치사·접속사·감탄사의 9품사로 나누었다. 서울말을 기초로 하여 프랑스어로 씌어진 최초의 문법책이다.

의 도움을 받아 완성했다고 한다.

1876년 9월 23일, 조선을 떠난 지 11년만에 황해도에 상륙하는 데 성공했고, 주교로 임명된 지 8년만에 서울에 들어와 감시의 눈을 피해가면서 전교했다. 1878년 1월 28일, 리델 신부는 체포되어 5개월 동안 옥중에 갇혔지만, 북경 주재 프랑스 공사의 교섭으로 6월 5일 풀려나 7월 12일 만주로 추방되었다. 그동안 조르주 코스트(George Coste) 신부에게 맡겼던 『한불ᄌᆞ뎐』과 『한어문전』이 완성되어 일본 요코하마에서 각각 1880년과 1881년 봄에 간행되었다. 리델 신부는 중풍 치료를 위해 홍콩에 건너갔고 고향으로 돌아갔다가 1884년 6월 20일 54세로 일생을 마쳤다.* 1886년에는 한불조약이 체결되었다.

1890년 한국 최초의 『영한ᄌᆞ뎐(英韓字典)』과 『한영ᄌᆞ뎐』을 펴냈던 호러스 그랜트 언더우드(Horace Grant Underwood, 1859~1916, 한국명 원두우(元杜尤))는 영국 런던 출생으로, 1872년(13세)에 미국

---

* 그가 쓴 『서울에서의 옥중기』는 당시 우리나라의 풍속과 가톨릭의 실정을 파악하는 데 중요한 자료이다.

으로 이주하여 뉴욕 대학과 뉴브런즈윅 신학교를 졸업했다. 1885년 아펜젤러 목사와 함께 선교사로 입국하여 광혜원(廣惠院)에서 물리와 화학을 가르쳤다. 그런데 선교사들이 조선인에게 포교를 할 때, 조선어를 알아야 하는 것이 필요조건이었기에, 사전, 문법책을 자연스럽게 편찬하게 된 것이다. 1887년 한국 최초의 프로테스탄트 교회인 새문안교회를 세우고, 1889년에는 기독교서회(基督敎書會)를 창립했다. 1890년에는『한영ᄌᄃᆌ』과『영한ᄌ뎐』(요코하마)을 출판했고,『한국어 문법책』도 펴냈다. 하지만『영한ᄌ뎐』은 293면밖에 안 되어 최초의 시도였다는 의의만 있을 뿐 별로 효용이 없었다고 할 수 있다.

두 번째 영한사전은 1891년에 나온 제임스 스코트(1884~1892)의『English-Corean Dictionary』(354면)으로 서울에서 간행되었다. 1914년에는 조지 히버 존스(George Heber Jones)의『An English-Korean Dictionary』(『英韓字典』)가 도쿄에서 간행되었다. 1915년 이후 1945년까지는, 일본 식민지 통치 아래서 영한사전은 별로 필요 없었던 듯한데 그 이유는 영어를 필요로 하는 지식인들이 일본어를 잘 알고 있었기 때문이었을 것이다.

한국인이 쓴 최초의 영한사전은 서재필(徐載弼, 1864~1951) 박사에 의해 시도되지만 중도하차하여 빛을 보지 못했다. 지금 독립기념관에는 서재필이 미국으로 추방된 후에 만든 영한사전 원고 (245매, A 52장, B 57장, C 133장, D 3장)가 소장되어 있다. 서재

서재필이 미국으로 추방된 후에
만든 영한사전 원고

필은 20세 때인 1884년 김옥균과 함께 갑신정변을 일으켰다가 3일
천하로 끝나자 미국으로 망명했다. 1895년(31세)에 다시 귀국해
《독립신문》을 발간했지만 수구파 정부 때문에 다시 미국으로 갔다
가 1945년 광복 후 귀국하여 대통령에 출마했다. 하지만 낙선하여
다시 미국으로 돌아가 그곳에서 세상을 떠났다. 비록 미완성의 영
한사전이지만 한국인으로서 최초로 시도했다는 점에 역사적 가치
가 있다.*

　해방직후에 나온 최초의 사전은 1946년 신생사(新生社)에서 류
형기(柳瀅基)** 목사가 편찬한 신생영한사전이었다. 제목이 『New

Life English-Korean Dictionary』(1,143면, Seoul ; 미국판, 1952,
1,301면, Washington, 『新生英韓辭典』, 崇文社)였는데, 같은 해에
『中等英韓辭典』(936면, 崇文社)도 나왔다.* 이것이 한국인이 편찬한
최초의 영어사전이었다. 그는 1947년에는 『新生韓英辭典』(866면,
숭문사)도 출판했다. 머리말을 읽어보면 사전 발간 당시의 생생한
모습을 느낄 수 있을 것이다.

머리말(『新生韓英辭典』, 1947년판)

쓸만한 英韓辭典의 必要를 느낀지는 벌서오랬으나 제말쓸 自由를
오랫동안 빼았겼던 우리에게는 어굴하게도 그實現의 可望이 까마
득하였던 것이다.

天佑神助로 解放의 빛을 본 오늘에도 物資難中에서 헤매고 있는
우리에게는 亦是 좋은 書籍의 刊行이 거의 不可能한바이나 그러

---

* 간단하게나마 특징을 열거해 보겠다. A의 1-16페이지는 빠져 있다. 저작 시기는 밝
혀져 있지 않지만 지금은 별로 쓰지 않는 단어들이 많고, 발음 기호가 없으며, 품사는
영어로 표기했고, 한글로 번역한 뒤 한자(漢字)로 다시 번역했다. 한글 부분은 번역
이라기보다는 설명에 가깝다.

** 일제시대엔 잡지 『新生』을 발간했다가, 해방이 되자 조선 인쇄주식회사를 인계 맡아,
화폐와 교과서를 찍었고, 6. 25 전에 미국으로 이민 갔다(피천득 교수의 말).

* 1946 『最新鮮英辭典』, Lew Hyung-ki, 『*New Life Korean-English Dictionary*』,
Seoul, 866pp. (American edition), Washington, 1952 (Lithographed).

____, 柳瀅基, 『新生 콘사이스 韓英辭典』, 崇文社, 36판, 860면.

____, 柳瀅基, 『中等 英韓辭典』, 崇文社, 46판, 866면.

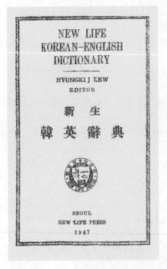
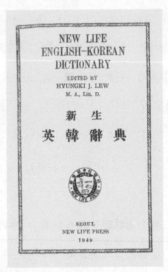

『新生韓英辭典』과 『新生英韓辭典』 속표지

나 좋은 歲月 오기만 기다리고 앉아 있을 수도 없으므로 이에 英韓
辭典의 「救急版」을 發行하여 江湖諸彦, 特히 男女學徒에게 實費
의 實費로 提供한다.

本書를 編纂함에 있어서 우리는 最大量의 知識을 最小量의 紙面에
收合하는 同時에 學徒의 視力을 保護하려는 丹誠으로 從來 學生界
에서 愛用된 研究社 「스쿨英和辭典」을 基礎로 하고, 同社 「新英和
大辭典」, 富山房 「大英和辭典」, 大倉書店 「大英和辭典」, 三省堂 「英
和大辭典」, 「콘싸이쓰英和新辭典」, *The Concise Oxford
Dictionary, Webster's Collegeate Dictionary* 等을 參考하여 本
辭典을 만들었다.

(이하 생략)

머리말(『新生英韓辭典』, 1949년판)

우리는 해방의 첫돐 맞이로 영한 사전을 그 둘재 돐맞이로 한영 사전을 냈다. 그 두 가지가 다 불완전 한 것임을 우리는 누구보다 더 잘 알면서도 사전이 필요하다는 생각과 또 더 좋은 사전들이 뒤이어 많이 나오기를 바라는 마음으로 냈던 것이다.

그러나 우리의 사전들은 그동안 학도 여러분의 더할 수 없는 성원을 감사히 받으며 일반의 많은 요구에 대하여 오직 적은 한 부분만을 수용해 왔다.

해방의 돐은 거듭하여 벌서 세 돐을 지냈으나 아직도 볼만한 사전이 나타나지 않으므로 부족하나마 우리 사전의 요구는 더욱 많아졌다. 그러나 우리는 그보다 말수도 더 많고 글자의 설명도 좀더 우리 글로 된 것이라야 할 것을 깊이 느끼고 한번 해본 경험을 살려가며 우리의 힘을 합하여 지은 것이 이 책이다.

이 책은 일본의 영어사전으로는 제일 좋은 것이라 할만한 삼성당의 『최신 콘사이쓰 영화 사전』을 기초로 하고 미국의 Funk & Wagnalls New College Standard Dictionary를 참고하여 편집한 것이니 전것보다는 한걸음 나아간 것으로 생각된다.

(이하 생략)

이양하   권중휘

1949년에는 일본의 이치가와 상키(市河三喜)의 『포켓용 리틀 딕
셔너리』를 번역한 이양하*(李敭河)와 권중휘**(權重輝)의 『스쿨英
韓辭典』(민중서관, 850면), 1957년엔 『스타英韓·韓英辭典』(理想社,
566면+621면), 그리고 1954년엔 이양하·권중휘의 『포켓英韓辭典』
(민중서관, 1,366면)이 가장 인기 있는 사전으로 정착했다. 영한사
전의 가장 큰 문제점은, 이양하·권중휘 편 『포켓영한사전』(1954)
편찬을 맡았던 권중휘 선생의 회고담에서 그 원인을 찾을 수 있다.

"이양하는 직장이나 가족도 없이 최정우 집에 하숙을 하고 있어서

---

* 이양하(1904~63). 영문학자이자 수필가이다. 일본동경제국대학 영문과를 졸업하고,
  연희전문, 서울대학교 교수를 역임하였다. 예일대학에서 새뮤얼 마틴, 장성언과 『한
  미대사전』(English-Korean Dictionary, 1967. 1902pp. 민중서림)을 편찬했다.
** 권중휘(1905~2003). 영문학자. 일본 동경제국대학 영문과를 졸업하고 1941년 만주
  신경공과대학 영어 교수로 4년간 재직한 후 귀국하여 서울대학교 영문과 교수(1947
  ~60), 한국외국어대학교 총장(1960), 서울대학교 총장(1961~63), 한국셰익스피어
  학회 초대 회장(1963)을 지냈으며, 2003년 별세하였다.

항상 둘이 같이 다니고 그랬는데, 나중에 알았지만, 그 뒤에 그들이 사전을 만들려고 했단다. 'ABC' 까지는 되어 있었대. 나하고 합작을 한 것은 6. 25 직전쯤인데, 'ABC' 는 되어 있으니까 나더러 'DEF' 를 하라는 거야. 일본사전을 베끼는 거지. 우리가 어찌 금방 사전을 만드나. 이찌가와(市河)* 선생이 만든 '포켓용 리틀 딕셔너리' 를 베껴서 하기로 했지. 그걸 하다가 이 양하는 미국에 갔지.** 내가 마무리를 하기는 했지만. 그건 거의 비슷하게 번역을 했는데 말을 어떻게 하느냐가 문제란 말야. 일본 시대에는 한국말을 못썼으니 영어단어 하나 하나를 우리말로 해야 하는지... 한자는 그냥 쓰기로 했지. 가령 'school' 이면 '학교' 하고 한자를 써놓고 그것을 우리말로 '학교' 라고 썼지... 그것밖에는 방법이 없었다. 안 그러면 몇십 년을 기다려야 우리말이 생겨날지 알 수가 없는데 어찌하나. 일본 사람들이 그 뒤에 말하는 걸 들으니, 서양말을 번역하는데 수십 년이 걸렸는데, 그것을 배워 한국사람들은 절약이 되었다는 거야... 어쨌든 전부를 우리말로 고칠 수는 없었어. 고친다 해도 다른 이들이 동조해 주는가도 문제이고, 그러잖아도 최현배하고 이희승이가 갈등이 나서 한국말 사전*이 상당히 오래되어

---

* 市河三喜(이치가와 상키) : (1886~1970). 東京帝國大學 言語學科 졸업. 東京帝國大學 교수 · 영어학자 · 언어학자. 『英語學辭典』(1940), 『英語引用句辭典』(1952), 『世界言語槪論』(2卷, 1952~1955) 등이 있음.

** 예일대학에 가서 Samuel E. Martin과 처남 장성언 교수와 함께 *New Korean-English Dictionary*(『韓美大辭典』, 1,909면)를 민중서림에서 1967년에 간행함.

나왔으니까. 그러니까 지금 학생들이 배우는 영어번역어는 일본 사람들이 번역한 것을 한자로 바꿔서 그 한자를 우리말로 읽는 식이 된 거야…"

(『안과밖』, 1997년 제2호, 창작과비평사).

뒤이어 1950·1960년대 영한사전이라면 단연코『포켓英韓辭典』을 가리켰던 것으로 생각된다. 그러나 지금의 시각에서 보면 부족한 점이 많다. 특징이라면 1960년 개정판부터는 발음 기호에서 미국 영어 발음을 영국 영어 발음과 함께 적었다는 점이다. 지금은 많은 사전에서 미국 영어 발음이 영국 영어 발음보다 앞에 배치되고 있지만. 민중서관의 가장 큰 잘못은 1970년 이후 인세를 주지 않으

---

* 최초의 한국어 사전은 조선총독부편『朝鮮語辭典』(938면, 4·6배판, 1920. 3.)이었다.

  1925 : 沈宜麟『보통학교 조선어사전』한국인이 만든 최초의 국어사전이다.

  1938 : 文世榮『朝鮮語辭典』(永昌書館)

  1940 : 文世榮『修正增補朝鮮語辭典』(永昌書館)

  1947~1957 : 조선어학회, 제1권『조선말큰사전』, 제2권『큰사전』(개제)(전6권, 1947. 10. 9~1957. 10. 9)

  1947 : 李允宰『표준조선말사전』(雅文閣)

  1958 : 신기철·신용철『새우리말큰사전』(2권, 삼성출판사)

  1960~1962 : 북한과학원 편『조선말사전』(평양)

  1989 : 한글학회『우리말큰사전』

  1991 : 『금성국어대사전』(금성사), 『우리말큰사전』(어문각)

  1999 : 국립국어연구원『표준국어대사전』(상·중·하)(두산동아)

려고 자체 편집부에서 사전편찬을 맡은 것일 것이다.

머리말(『포켓영한사전』, 1954년판)

출간에 앞서 첫 시험으로 *School Dictionary*란 조그만 사전을 낸 일이 있거니와 좀더 어휘가 많고 좀더 자상한 영한 사전이 있었으면 하는 일반 독자의 소망이 높아가는 추세에 비추어 여기 또 하나의 사전을 내놓는다. 먼저 사전의 어휘가 약 2만이었는데, 이 사전의 어휘는 약 8만 5천이고 숙어까지 합하면 10만여가 되니 이 일반 독자의 요망은 여기 어느 정도 충당되었다고 생각할 수 있다.

이 사전의 토대가 된 것은 주로 일본 연구사의 *Pocket English-*

*Japanese Dictionary*와 삼성당의 *Concise English-Japanese Dictionary*요. 이 둘과 아울러 항시 좌우에 놓고 참고한 것은 연구사의 큰 *American College Dictionary*와 *Webster's Collegiate Dictionary*다. 우리는 무엇보다도 읽어서 알 수 있는 사전을 만드노라 애썼고 토대 삼은 뒤의 두 사전을 종합하고 절장 보단하여 적어도 그 두 사전에 못지 아니한 사전을 만들려고 노력하였다. 그리고 오늘 우리의 일상 접촉하는 것이 미어인 현정세에 비추어 특히 미어의 발음과 철자에 유의하고 또 신문 잡지에 새로운 말이 많이 쓰이는 현상을 참작하여 상당한 수효의 새로운 말을 수록하노라 하였다. (이하생략)

개정판을 내면서(『포켓영한사전』, 1960년)

이 포켓 영한 사전을 편찬하기 시작한 것은 부산 피난중이었고 이 사전이 세상에 나온 것도 환도 직후였다. 말하자면 이 책은 전란이 화중에서 태동하여 수도 재건의 착공과 동시에 출생한 셈이다. 그 때의 실정을 고려하면 이것이 쓰지 못할 기형 · 불구자가 아닌 것만을 다행이라고 할 수밖에 없다. 우리들 자신도 처음부터 몇 해 뒤에는 다시 수정을 해야만 될 것으로 각오하였었고 출판사측에서도 그런 용의를 갖고 있었다. 개정이 좀더 빨리 이루어지지 못한 것은 우리의 불민 소치도 있지만 형편이 불리한 탓도 없지 않았다. 이제 옛 흠을 지우고 거친 데를 다듬어서 내어 놓게 되니 일이 잘 되고 못된 것은 고사하고 마음이 빚을 갚은 것 같은 감이 없지 않다.

이 사전이 우리 나라 영어 학도의 애용을 받은 지 6, 7년이 되는데 여러 친구들이 직접 간접으로 많은 시정, 격려를 해주신 데 대해서도 진심으로 감사하는 바이다. 그러나 이번 수정으로 일반의 기대를 만족시킬 수 있으리라고 믿기는 어렵고 다만 장래에 더 훌륭한 사전이 나올 발판이 되리라는 희망만을 가질 뿐이다. (이하 생략)

그 후 수많은 영한사전들이 우후죽순처럼 출간되었는데, 그중 획기적인 것은 1964년에 어문각에서 낸 『New English-Korean Dictionary』(『新英韓大辭典』, 4 · 6배판, 2,276면, 고광만 · 조성식 · 정병조 · 강봉식 감수)인데, 일본 겐큐샤의 『New English-Japanese Dictionary』(1927, 1936, 1953, 1960)를 바탕으로 했다. 이 사전은 다시 한국사전연구사에 인계되어 지금은 조성식 편저 『新英韓大辭典』이란 제목으로 시판되고 있다. 1966년엔 이종수 · 피천득편 『콘사이스 英韓辭典』(1920, 삼화출판사), 1970년엔 『뉴월드 콘사이스 英韓辭典』(시사영어사, 2,711면), 1971년엔 『엣센스 英韓辭典』(민중서관, 민중서림, 3,134면), 1973년에 1982년엔 장왕록 감수 『웹스터 英韓大辭典』, 1987년에 『엘리트영한사전』(시사영어사, 2.554면), 1988년엔 27만 단어의 『그랜드 英韓大辭典』(금성교과서 주식회사, 2,973면), 1991년에 나온 『랜덤하우스 英韓大辭典』(2,711면, 『Random House Dictionary of the English Language』, 1st edition, 1966)이 나왔다.

1991년엔 『英韓辭典』(금성사)이, 1992년엔 황찬호 · 문용 · 양현권편 『뉴그랜드 영한사전』(교학사, 3,376면), 1994년엔 장경렬 감수 『현대영한사전』(교학사, 2968면), 『YBM English-Korean Dictionary』(시사영어사, 2,986면), 2001년에 『슈프림영한사전』(민중서관, 2,837면), 『e4u』(시사영어사, 3,168면)이 나왔다.

북한 『영조대사전(英朝大辭典)』

1946년 김일성 종합대학교에 외국어문학부가 개설되었는데, 6·25 전까지만 해도 북한의 외국어 교육은 러시아어(露語) 교육에만 치중해 있었다. 고급중학교 초·고급반에서 외국어 과목으로 러시아어만 가르치고, 러시아어대학까지 개설하면서 정작 영어는 가르치지 않았다. 1951년이 되어서야 김일성은 영어가 이미 자본주의 세계의 공용어와 다름없다고 판단하고 영어강좌를 개설하도록 했다. 그후 영어과는 1960년 말에 국제관계대학 서방어학부로 개명되었고, 나중에는 김일성대학에서 분리되어 평양외국어대학교로 다시 이름이 바뀌었다.

　해방 이후 북한에서는 1959년까지 이렇다할 영조사전을 만들지 못해 영로사전이나 일본의 영어사전(英和辭典)를 사용할 수밖에 없었다. 북한 최초의 영어사전은 1961년에 나온 활자판 『영조소사전』이다. 뒤이어 1972년에 기본 어휘 22,000개, 파생어 8,000개를 담은 『영조사전』(조선외국문도서출판사/중국흑룡강조선민족출판사)이, 1992

년에는 표제어 25만 개를 담은 『영조대사전』(조선외국문도서출판사)이 나왔다.

앞에서 콘사이스형 영한사전들을 중심으로 살펴보았기 때문에 북한의 경우를 조사할 때도 콘사이스형 사전들을 구할 수 있었으면 좋겠다고 생각했다. 그러나 입수하기가 힘이 들어 대신 『영조대사전』을 살펴보고 북한 영어사전의 문제점들을 정리할 수밖에 없었다.

『영조대사전』 속표지

1992년은 북한 사전의 역사에서 가장 획기적인 해이다. 33만 개의 어휘를 수록한 『조선말대사전』(사회과학출판사)이 "민족 최대의 명절인 위대한 수령 김일성 동지의 탄생 80돌과 친애하는 지도자 김정일 동지의 탄생 50돌에 즈음하여 충성의 로력적 신물로 세상에 내놓게 되었다"고 한다.

같은 해 4월 1일 표제어 25만 개의 『영조대사전』(3,004면, 외국문서도서출판사)이 김일성과 김정일의 격려사를 싣고 출간되었다. 2002년에는 『조영대사전』(3,080면, 외국문서도서출판사)이 간행되었다.

북한의 『영조대사전』은 다음과 같은 특징을 가지고 있다.

1. 전체적으로 일본 겐큐사의 『新英和大辭典』(제5판)을 바탕으로

삼고 있으며, 삽화도 일본 삽화를 다시 그려 실었다.

2. 한자(漢字)를 완전히 배제했다.

3. 순우리말이 없는 경우가 많다.

4. 번역어가 아니라 장황한 설명으로 이루어진 것이 많다.

5. 국가명 · 지명 · 인명 표기 면에서 남북한의 차이가 많은 편이다.

6. 남북한 일반 번역어에 차이가 있다.

7. 남북한의 동물과 식물 이름이 다른 것이 많다.

8. 외래어 발음 표기 면에서 남북한 차이가 크다.

9. 복합어는 붙여 표기한다.

10. 그리스 로마 신화의 신명, 인명, 지명의 경우, 올바르게 되어 있는 일본 사전의 것을 틀리게 고쳐놓은 것이 많다.

1. 일본 영어사전이 바탕이 되었다

예를 들어 acropolis*의 경우를 살펴보면 일본 사전의 ‘城砦’를 ‘城塞’로 바꾼 것 외에는 일본 사전과 똑같음을 알 수 있다. Sistine

---

* acropolis

영조대사전 1. (고대 희랍의 도시의) 성새(citadel)

2. (the A-) 아크로폴리스((희랍의 도시 아테네의 옛 성새 ; Parthenon과 그 밖의 유적이 있음))

新英和大辞典 1. (古代ギリシヤ都市の) 城砦(citadel),

2. (the A-) アクロポリス((ギリシヤの都市Athensの(昔の)高丘城砦 ; Parthenon神殿その他の遺蹟がある))

Chapel*도 '宮殿'이 '궁정', '敎皇'이 '법왕'으로 고쳐졌고, '시스티나 례배당'을 '씩스티노 례배당'으로 틀리게 바꿔놓았다. Sistine Chapel은 이탈리아어로 Capella Sistina이기 때문에 '시스티나 예배당'이 맞다.

2. 한자(漢字)를 완전히 배제했다

북한의 『영조대사전』의 큰 특징들 중 하나는 한자를 완전히 없앴다는 점이다. 다음의 예에서 알 수 있듯이, 한자어를 한글로 표시했을 경우 의미 전달이 잘 안되고 순우리말로 바꿔놓을 경우에도 더욱 그 의미를 알 수가 없다.

예를 들어 saber-toothed tiger**는 '검치호(劍齒虎)'를 가리키는

---

* Sistine Chapel

영조대사전 씩스티노 례배당((로마의 Vatican 궁정에 있는 법왕의 례배당 ; Sixtus 4세가 세운 것인데 Michelangelo의 천장 그림이 있는 것으로 이름남))

新英和大辭典   システィナ禮拜堂((ローマのVatican宮殿にある敎皇の禮拜堂 ; Sixtus四世の建立でMichelangeloの天井畵があるので有名))

** saber-toothed tiger

엣센스   〔古生〕검치호(劍齒虎)

프라임   〔고생물〕검치(劍齒) 호랑이(화석동물)

엘리트   〔고생물〕검치호(劍齒虎)

현대   〔古生〕검치호(劍齒虎)

금성   〔고생대의〕검치호랑이

슈프림   〔고생물〕검치(劍齒) 호랑이

e4u   〔고생물〕검치호(劍齒虎)

영조대사전 칼이범, 검치호

말인데, 『영조대사전』에는 '칼이범' 이라는 뜻이 먼저 나와 있다. 검치호는 검치호랑이, 칼이빨호랑이라고도 부른다. 신생대 때 번성했던 맹수로, 1930년대 이후에 화석이 많이 발견되었다. '칼이범' 이라는 단어는 『조선말대사전』(전2권) 표제어에도 나와 있지 않다.

3. 순우리말이 없는 경우가 많다

예를 들어 sling을 '투석기(랑 끝에 끈이 달린 가죽 등으로 만든 도구 ; 그 속에 돌을 끼워 넣고 끈을 휘두르면서 한쪽 끈을 놓아 돌이 날아가게 하는 사냥 기구, 무기의 한 가지)' 로 옮겨놓고 있다. '무릿매' 라는 딱 들어맞는 말이 있는데, 일본 것을 베껴 '투석기' 라고 번역했다. 남한의 영한사전에서 볼 수 있었던 것처럼 king에는 '왕, 국왕, 군주' 의 뜻만 있고, '임금(님)' 이라는 단어가 빠져 있으며, epilepsy에는 '간질, 전간' 이라는 뜻만 있고 '지랄병' 이라는 단어가 없다. structure에는 '얼개' 라는 뜻이 빠져 있고, race에는 '인종, 민족, 국민, 씨족' 이라는 뜻 외에 '겨레' 라는 번역어가 나와 있지 않다. lesbianism에는 '녀자동성애' 는 있지만, '밴대질' 이라는 순우리말이 빠져 있으며, discount에는 '할인' 은 있고, '에누리' 는 없다. scholar에 '학자' 는 있고, '선비' 는 없다. twelve에 '12' 는 있으나 '열둘' 까지 수록하지는 않았다.

4. 번역어가 아니라 장황한 설명어로 이루어진 것이 많다

예를 들어 다음의 어휘들을 살펴보자.

bireme (고대 희랍, 로마의) 량옆에 아래우로 두 란의 노가 달린
옛전함(galley)

trireme (고대 희랍, 로마의) 3층으로 노를 갖춘 갤리선

quadrireme (고대 로마의) 4단의 노줄이 있는 galley선〔배〕

quinquereme (고대의) 노가 다섯 단으로 된 갤리선(galley)

북한 『영조대사전』에서도 영어의 번역어들이 쓸모가 없다. "량옆에 아래 우로 두 단의 노가 달린 옛전함'은 설명이지 번역이나 통역을 할 때 적절하게 사용할 수가 없다. 더구나 네 단어가 일관성 없이 각기 다르게 번역되어 있다. 북한사전의 모델인 일본 겐큐사의 『新英和大辭典』도 번역어에 모두 일관성이 없다. 위의 어휘를 bireme(2단노 군함), trireme(3단노 군함), quadrireme(4단노 군함), quinquereme(5단노 군함)처럼 간결한 번역어로 정리할 수 있다.

5. 국가명 · 지명 · 인명의 남북한 차이

	북한	남한
Aesop	이소프	이솝
Arthur	아써	아서
Boston	보스톤	보스턴
Denmark	단마르크	덴마크
Elizabeth	엘리자베트	엘리자베스
Essex	에씩크스	에섹스
Etna	에뜨나	에트나
Euripides	에우리삐데스	에우리피데스
Greece	희랍	그리스
Macbeth	머크베스	맥베스
Oedipus	에디프스	오이디푸스
Oxford	옥스포드	옥스퍼드
Paris	빠리	파리
Persia	페르샤	페르시아
Pisa	삐사	피사
Poland	뽈스까	폴란드
Portugal	뽀르뚜갈	포르투갈
Rose	러우즈	로즈
Shakespeare	쉑스피어	세익스피어

Spain	에스빠냐	스페인

6. 남북한 동물 · 식물 이름의 차이

동물	북한	남한
ape	꼬리 없는 원숭이	원숭이(주로 꼬리 없는 원숭이)
barnacle	바위나 배 밑에 붙는 따개비	조개삿갓, 굴 등
camel	락타, 약대*	낙타
centaur	켄타우루스	켄타우로스
cheetah	사냥 표범, 치타	치타(표범 비슷한 동물)
chimpanzee	침판지	침팬지
falcon	꿩매	송골매
gadfly	(곤충) 소등에	등에, 쇠파리
goose	기러기, 게사니	거위
	*기러기는 wild goose이다. 북한에서는 '거위'를 '게사니'라고 부른다.	
hoopoe	후투디, 오디새	후투티
hyena	히에나	하이에나
jackal	쟈칼	자칼

동물	북한	남한
kingfisher	물촉새	물총새
limpet	고깔조개	꽃양산조개
lynx	시라소니	스라소니
mermaid	녀자인어	인어(人魚)
ostrich	서아프리카타조	타조
panther	㉠크고 사나운 표범의 총칭	a.(美)퓨마(puma)
	㉡검은표범(black panther)	b.표범(leopard)
	㉢아메리카 사자(=puma)	c.아메리카표범(jaguar)
	㉣아메리카 표범(=jaguar)	
penguin	펭긴새	펭귄
petrel	해연(海燕)	바다제비류
polecat	긴털(땅)족제비	족제비의 일종
pony	퍼우니;작은 말	조랑말;작은 말
remora	흡반어	빨반상어
rhinoceros	서우(犀牛)	코뿔소, 무소
sea-serpent	큰물뱀	바다뱀, 물뱀;
		큰바다뱀(공상적 동물)
sponge	해명동물	해면(동물)
thrush	개티티	개똥지빠귀
tomcat	수코양이	수고양이

동물	북한	남한
tortoise	거부기(turtle)	거북(특히)
		땅거북(land turtle)
trumpet shell	고둥	소라고둥
vulture	번대수리, 콘도르	독수리;콘도르
walrus	바다코끼리	해마
zebra	줄말	얼룩말

식물	북한	남한
alder	오리나무	오리나무속의 식물
amaranth	비름	비름속(屬)의 식물
angelica	구릿대, 안젤리카	멧드룹속의 식물
balsam pear	유자	여주〈박과(科)〉
basil	향꿀풀	나륵풀
beet	사탕무우	비트(근대, 사탕무 따위)
broccoli	꽃줄기가두배추 브로꼴리	크고 튼튼한 콜리플라워, 브로콜리
cauliflower	꽃가두배추	콜리플라워, 꽃양배추
cedar	설송속 나무의 총칭	히말라야 삼목, 삼목
chicory	쓴부루, 풀상추	치커리
darnel	벼과 호밀풀속의 몇 종의	독보리

동물	북한	남한
	한해살이 또는 여러 해살이 풀의 총칭	
eucalyptus	유카리나무	유칼립투수, 유칼리
evergreen	늘푸른나무, 상록수	상록수
fuchsia	푸크시아	퓨셔
hawthorn	찔광나무	산사(山査) 나무
henna	헤나, 지갑화	헤너(부처꽃과에 속하는 관목)
ilex	늘푸른참나무	너도밤나무과의 일종; 호랑가시나무류
marasca	마라스카(실벗나무)	야생버찌
marijuana	나무담배(아르헨띠나, 볼리비아산 가지과의 키나무);(인도산의) 삼, 대마	삼, 대마(인도산);마리화나
myrtle	은매화 열대지방산 도금양과 식물의 총칭	도금양(桃金嬢)
oxalis	괭이밥풀	괭이밥
papyrus	종이방동상이, 파피루스	파피루스

식물	북한	남한
	종이풀	
pennywort	잎이 둥근 몇 종의 식물의 총칭	피막이풀속(屬) 따위의 잎이 동그란 잡초
peppertree	후추목	(남아메리카 원산의) 옻나무과의 식물
pimento	사자고추	피망
ragwort	방망이	개쑥갓속(屬)의 식물
rampion	순무도라지	초롱꽃속(屬)의 식물
sandalwood	백단나무	백단향
satinwood	(인도 및 스리랑카산의 참중나무과 마호가니 나무류의 식물)	(동인도산의) 마호가니류의 나무
sequoia	붉은왕삼나무, 시쿼이어	세쿼이아
service tree	구라파산 사과나무과 마가목속의 나무 총칭	(유럽산) 마가목속의 식물
tamarack	참이깔나무, 타마락트이깔나무	미국낙엽송

7. 남북한 일반 번역어의 차이

	북한	남한
acronym	준말	두문자어(頭文字語)
bacon	베이콘	베이컨
bulk modulus	부피튐성곁수	체적탄성율 (체적탄성곁수)
cedar	설송	삼목
chandelier	장식무리등	샹들리에
complex fraction	(수학) 복합분수, 겹분수	번분수(繁分數)
foreign legion	외국인부대	외인부대
home guard	지방 의용병, 주둔구경비부대	(영)국토방위군; (미)지방 의용대
interchange	립체교차로	나들목
Jordan	요르단강	요단강
kepi	께삐모자	케피모(帽)
lyre-bird	현금새	금조(琴鳥)
mammoth	맘모스	매머스
mummy	미이라	미라
philosopher's stone	현인의 돌	현자의 돌

radio	라지오	라디오
soldier	얼개도미	얼개돔
sperm whale	말향고래	향고래, 향유고래
virus	비루스	바이러스

8. 외래어 발음 표기의 남북한 차이

f발음이 북한에서는 'ㅎ' 'ㅍ', 남한에서는 'ㅍ'으로 표기되어 있다.

	북한	남한
Delphi	델피	델포이
Faust	화우스트	파우스트
Faulkner	훠크너	포크너
Franklin	흐랭클린	프랭클린
Frankenstein	흐랑켄슈타인	프랑켄슈타인
Fulbright	훌브라이트	풀브라이트
Jeffers	줴훠즈	제퍼스
Jeffries	줴흐리즈	제프리스
Kieffer	키훠	키퍼
Philomela	필로밀라	필로멜라
Philip	휠립	필립
Philoctetes	휠로크티티즈	필록테테스

Philadelphia	필러델피어	필라델피아
Trafalgar	트라핼거	트라팔가르

v발음을 표기하는 데도 약간의 차이를 보이고 있다.

	북한	남한
virus	비루스	바이러스
Vienna	윈	빈, 비엔나

s발음이 'ㅆ', 'ㅅ'으로, z발음이 'ㅅ', 'ㅈ'로 표기되어 있다.

	북한	남한
James	제임스	제임스
Odysseus	오듀세우스	오디세우스
Salisbury	솔스베리	솔즈베리
Salome	썰로우미, 쌀로메	살로메
Sanskrit	싼스크리트어	산스크리트어
Sappho	싸포	사포
Saracen	싸라센	사라센
Sodom	쏘돔	소돔
Thames	템즈강	템스강
Ulysses	윌리시즈	율리시스, 율리시즈
Wolsey	울지	울지

그리스어 어원의 y발음이 북한에서는 '유', '이'로, 남한에서는
'이' 발음으로 표기된다.

	북한	남한
Hyperion	휴페리온	히페리온
Odysseus	오듀세우스	오디세우스
Olympus	올림푸스	올림포스
Pythagoras	피타고라스	피타고라스
Pyramus	퓨라머스,	피라무스
	피라머스	

9. 복합어는 붙여 표기한다.

	북한	남한
Great Cultural Revolution	문화대혁명	문화 대혁명
Great Divide	북미대륙분수령	비대륙 분수계
Oedipus Complex	에디푸스콤플렉스	오이디푸스 콤플렉스

10. 그리스 로마 신화의 인명 · 신명 · 지명 표기를 일본의 것을 받아들이면서 틀리게 고쳐놓았다.

Tiresias를 '티레시아스'로 표기했는데, 일본 사전에는 테이레시아스(Teiresias)로 맞게 나와 있다. Hercules도 일본 사전에는 헤라클레스(Herakles)로 맞게 나와 있는데, '헤르클레스'로 틀리게 고쳤다. Hercules는 Herakles의 라틴어 표기(영어는 라틴어 표기를 받아들였음)이다. 헤라클레스는 그리스 신화에 등장하는 영웅이므로 그리스어 발음으로 표기해야 한다. Herodotus(헤로도투스)는 그리스어로는 헤로도토스(Herodotos)이다.

이밖에 어떤 것은 그리스어 발음으로, 어떤 것은 영어 발음으로 표기해 놓았다. Aphrodite는 그리스어 발음인 '아프로디테'로 표기하지 않고 영어 발음인 '애프러다이티'만 있다.

Clio(클라이오우)의 그리스어 표기는 '클레이오'(Kleio)이다. '클라이오우'는 영어발음이다. Olympus(올림푸스)는 올림(림)포스가 그리스어 발음이다. Apollo(아폴로)는 그리스 신화에서는 '아폴론'(Apollon)이고 로마 신화에서는 '아폴로'이다.

Virgil(버질)은 로마 최고의 시인 베르길리우스(Vergilius)라는 라틴어 발음 표기가 아닌 영어 발음으로 표기되어 있다. 그런데 같은 사전에서 Homer는 그리스어로 '호메로스'라고 표기해 놓았다.

11. 그 외

일본 사전에는 모두 수록된 Seoul과 Pyongyang이 표제어에 서 누락되어 있다.

다음 Hera의 설명을 보자.

Hera 1. 히어러(여자 이름)

2. 희랍신의 헤라(Zeus의 <u>누이동생</u>이자 안해인 녀신, 하늘의 <u>녀왕</u> 이며 질투심이 많았다고 함 ; 로마 신화의 Juno에 해당)

新英和大辭典 1. 女性名

2. (ギリシヤ神)ヘ −ラ,ヘ −ラ(Zeusの妹で妻である女神, 天界の 女王で嫉妬(しっと)深い ; ロ −マ神話のJunoに該當たる)

『영조대사전』은 잘못된 일본 사전을 그대로 베꼈다. 제우스가 막 내이므로 헤라는 누님이고, 제우스가 올림포스의 왕이므로 헤라는 '여왕'이 될 수가 없다. queen은 '여왕'이란 뜻도 있지만 '왕비'란 뜻으로 더 많이 쓰인다.

영한사전도 마찬가지지만, 영조대사전에 Japanize(일본〔식으로〕 하다), Japanization(일본〔식〕화), Japanism(일본인의 특질 ;〔예술 양 식 등이〕 일본식 ; 일본어의 〔관용〕어법 ; 일본 좋아하기 ; 일본 심취), Japanophile(친일가〔의〕, 일본 좋아하기의), Japanophobia(일본 공 포증, 일본인 혐오, 일본 배척주의) 등의 단어는 모두 나와 있지만, 이러한 단어들의 대응어들인 Koreanize, Koreanization,

Koreanism, Koreanophile, Koreanophobra 등의 단어들은 없다. 일본 책을 베낀 흔적이 역력한데, 이제 우리가 이와 관련된 사항들을 보완해야 한다.

shallot는 남한 사전에서는 '골파류' 이고, 북한에서는 '쪽파' 라고 나오는데, 『동아새국어사전』을 보면 '골파' 는 '밑둥이 마늘쪽처럼 붙고 잎이 여러 갈래로 난', '쪽파' 는 '높이는 30cm 가량, 잎은 좁고 꽃은 거의 피지 않음. 특이한 향기와 맛이 있어 음식의 맛을 더하는 데 쓰임' 으로 묘사되어 있다. platanus(planetree)는 남한에서는 '버즘나무', 북한에서는 '방울나무' 라고 다르게 부른다.

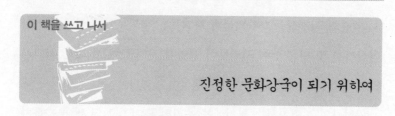

앞에서 결국 북한의 『영조대사전』도 우리의 영한사전과 같은 문제에 직면해 있음을 볼 수 있었다. 이상하게도 영한사전의 오류들을 기록하는 내내 나는 남한과 북한의 통일 문제를 떠올리고 있었다. 만약 국가에서 본격적인 사전 편찬 작업을 해나간다면 북한을 의식하지 않을 수 없겠다는 생각이 들었기 때문일까. 지금 당장 통일이 이루어진다고 가정했을 때 가장 혼란스러워질 분야는 언어 교육이다. 남한과 북한의 영한사전에 제각각인 번역어들이 많고, 외래어와 외국어의 발음 표기가 각양각색이어서 통일된 정보 전달을 하기가 어렵다. 어쩌면 통일은 앞서 지적한 남북한의 영한사전이 안고 있는 결함들을 획기적으로 고치고 정리할 수 있는 절호의 기회일지도 모른다. 우리는 그때를 대비하여 미리 준비와 연구를 게을리해서는 안 된다. 국토 통일에 못지 않게 중요한 것이 언어의 통일이기 때문이다. 일곱 권의 영한사전들과 북한의 영조대사전, 그리

고 일본의 사전들, 그외 외국의 사전들을 살펴보면서 결국 우리의 영한사전 및 다른 언어 사전들이 혁명적 전기(轉機)를 맞는 시기가 바로 남북한이 하나가 될 때라는 생각이 들었다.

영한사전을 편찬하는 과정에는 우리말을 지키고 더 많이 수록하기 위해서라도 반드시 국문학자들이 참여해야 할 것이며, 번역어에 순우리말을 많이 찾아내 정리함으로써 이를 제대로 보존할 수 있도록 해야 한다. 또한 번역어는 각 분야 전문가들의 철저한 검토를 받아야만 한다. 그리고 영한사전에 외래어 사전 기능을 추가하여 발음 표기를 통일함으로써 혼란을 미리 막아야 한다. 특히 그리스, 라틴어, 이탈리아어의 발음 표기가 혼란스러운 상태이므로 올바른 표기로 기준을 삼을 필요가 있다.

영한사전이 간행된 지 115년째가 되고, 일본에게서 독립한 지 59년이 지났지만, 아직까지 영한사전 하나 스스로 만들어내지 못했다는 것을 깨닫고 좀더 분발해야 한다. 아니 그보다 앞서 국어사전조차도 우리 힘으로 만들지 못하고 조선총독부가 1920년에『朝鮮語辭典』을 편찬하게 한 것은 수치스럽게 여겨야 할 것이다. 1910년에 설치된 조선총독부는 다음해인 1911년에 조선어사전 편찬작업에 착수하여 9년 만인 1929년 3월 30일 발행했다.

부끄러운 일이지만, 만일 일본 영어사전, 일본 백과사전, 일본세계문학전집의 도움이 없었더라면, 해방 직후 우리의 문화 공간은 아마도 공황상태였을 것이다. 영어권 문화를 우리가 바로 들여왔

더라면 좋았겠지만, 그 당시만 해도 영어에 능통한 인물이 거의 없었다. 설사 영어를 잘했다 할지라도, 번역어가 확립되어 있지 않은 상황에서 제대로 우리말로 책을 번역할 수도 없었던 시절이었다.

지금이라도 민족정기가 살아 있다면 무엇보다 먼저 문화의 바탕인 사전편찬을 국가문화프로젝트로 삼아 국어사전을 비롯하여 영한사전, 한영사전, 불한사전, 한불사전 등 주요 외국어사전들을 장기 프로젝트로 추진해야 할 것이다. 그런 면에서 내가 영한사전의 문제점들을 지적한 것은, 이러한 문제제기야말로 바로 문제해결의 실마리를 제공할 수 있지 않을까 하는 가느다란 희망에서였다.

참고문헌

Brewer's Dictionary of Phrase and Fable(14th edition), 1989

Collins Concise Dictionary Plus, 1989

The Columbia Encyclopedia(5th edition), 1993

Longman Dictionary of English Language and Culture, 1992

Longman Dictionary of Contemporary English, 1978

Oxford Advanced Learner's Dictionary(new edition), 1989

The Oxford-Duden Pictorial Japanese and English Dictionary, 1979, 1989

Webster's Third New International Dictionary, 1993

新英和大辭典(제5판), 1980, 研究社

リーダーズ英和辭典(제2판), 1999, 研究社

新コンサイス和英辭典, 中島文雄編, 1980, 三省堂

グランド コンサイス 英和辭典, 三省堂編修所編, 2001

新英和中辭典, 竹林滋外, 1967, 1994, 제6판, 研究社

英和中辭典, 1975 초판, 1999, 旺文社

엣센스 일본外來語カタカナ語辭典,, 1998, 민중서림

朝鮮語辭典, 총독부편, 1920

국어대사전(제3판), 1961, 1999, 민중서림

새국어사전, 1989, 두산동아

표준국어대사전, 국립국어연구원, 두산동아

새우리말큰사전, 신기철 · 신용철, 1974, 삼성출판사

朝鮮語學史, 小倉進平著, 河野大郎補註, 1939

영조대사전, 1992, 외국문도서출판사, 평양

아가페성경사전(신증보판), 1991(초판), 2001, 아가페출판사

한국어사전의 역사와 방향, 이병근, 2000, 태학사

영한
사
전
비
판

1판 1쇄 펴냄 2005년 1월 5일
1판 2쇄 펴냄 2005년 1월 11일

지은이 · 이재호
펴낸이 · 이갑수
펴낸곳 · 궁리출판

편집 · 김현숙, 서영주, 이유나
영업 · 백국현, 도진호
관리 · 김유미

출판등록 1999. 3. 29. 제300-2004-162호
110-043 서울특별시 종로구 통인동 31-4 우남빌딩 2층
대표전화 02-734-6591~3 | 팩시밀리 02-734-6554
E-mail : kungree@chollian.net | www.kungree.com

ISBN 89-5820-021-9   03740
값 10,000원